歴史文化ライブラリー
396

平城京の住宅事情

貴族はどこに住んだのか

近江俊秀

吉川弘文館

目　次

平城京の宅地は相続されたのか

発掘された平城京の宅地

平城京の宅地と居住者を考える

平城京の住人――プロローグ

1　平城京の住人

平成二十二年（二〇一〇）に行われた平城遷都一三〇〇年祭は、のべ二一四〇万もの人を集め、大成功のうちに幕を閉じた。今は、祭りの賑わいこそ去ったものの、以前よりも多くの方々が平城宮跡を訪れていると聞く。復元された大極殿《だいごくでん》や朱雀門《すざくもん》は、絢爛豪華な奈良時代の都を再現しており、それとは対照的にその周囲の広大な広場は、平城宮の巨大さを感じさせてくれる（図1）。

この広大で絢爛豪華な場所こそが、奈良時代の政治の舞台であり、元明《げんめい》天皇から桓武《かんむ》天皇までの八代の天皇の都の中心であった。平城宮には天皇が出御し国家的な儀式を行う大極殿、天皇が住む内裏《だいり》があり、その周囲にはさまざまな役所が建ち並んでいた。そうした役所では、多くの人々が働いていた。下級役人や役人以外の者まで含めると、一万人を超

図１　復元された大極殿

える人々が平城宮や京内に置かれた役所で働いていたと考えられている。

役人たちは、位階《いかい》に応じて京内に宅地を与えられ、位階の高い者ほど宮に近い場所に大きな宅地を与えられ、低くなるほど宮から離れた場所に小さな宅地を与えられたと言われている。あたりまえの話であるが、宮に近ければ近いほど通勤は便利である。また、宮に近い場所に大きな邸宅が建ち並ぶほど、都市としての景観もよくなる。平城京内で行われている発掘調査でも、大きな邸宅は宮に近いところで見つかる傾向にあり、このことは、定説として特に疑いをもたれることなく現在に至っている。

本書はこうした平城京の宅地のあり方が本当なのか、という素朴な疑問からスタートする。それは何も、定説を根底から覆そうというだいそれた話ではなく、「位階の高いほど宮に近い一等地」という従来の理解が、あまりにも疑いなく受け入れられてきたために、何か大事なことが見落とされてきたのではないか、ということであり、奈良時代の住宅事情とは、単に宮との距離関係という単純な理由だけでなく、もっといろいろなことが考慮されたうえで、誰がどこに住むかということが決められていたのではないか、という疑問である。

かく言う私も、これから進めていく話に、確たる自信があるわけではない。平城京の宅地を考えるためには、史料も十分ではなく、発掘調査成果も十分に蓄積されているとは言えない状況である。そのため、これからの話も、断片的な情報をつぎはぎして、宅地の実態に迫りながら、私の考えを述べていくというかたちになる。

冒頭ではあるが私のたどり着いた結論を言おう。それは平城京の宅地を調べることによって、「血縁や地縁などによって結びついていた伝統的な氏族社会が次第に解体され、律令制度に基づく官僚制へと脱却していくようすが見えるとともに、相対的に高まっていく天皇の権威が見える」、端的に言えば平城京の宅地は「次第に変化していく、当時の社会情勢そのものを反映している」ということである。

本書では、私の疑問の出発点から話をはじめ、それを解き明かすための試行錯誤の過程をそのままお話ししたい。そうすることによって、些細な疑問がどのようにして大胆な結論にたどり着いたか、という私の思考のプロセスを読者の皆さんと共有でき、また、多くの皆さんと奈良時代の歴史を語り合えると考えるからである。

平城京に家をもつ人々

長屋王邸跡の発掘調査成果が語るもの

長屋王邸跡の発掘

昭和六十一年（一九八六）、朱雀門からほど近い場所で、デパート建設に伴う発掘調査が当時の奈良国立文化財研究所（現在は、独立行政法人国立文化財機構奈良文化財研究所）によってはじめられた。奈良市内では、しばしば大規模な発掘調査が行われてきたが、このとき、計画されていた建物の規模は四万平方メートル、平城京の条坊で言えば左京三条二坊一・二・七・八坪の四区画にまたがるもので、宮に近い場所でこれほどの規模で発掘調査が行われた例は、それ以前にも以後にもない（図2）。

平城京では宮に近い場所ほど、高位の貴族が住んだり重要な施設が置かれていたりすることが、それまでの長い調査研究の中で明らかにされてきたが、この場所はまさに宮に近

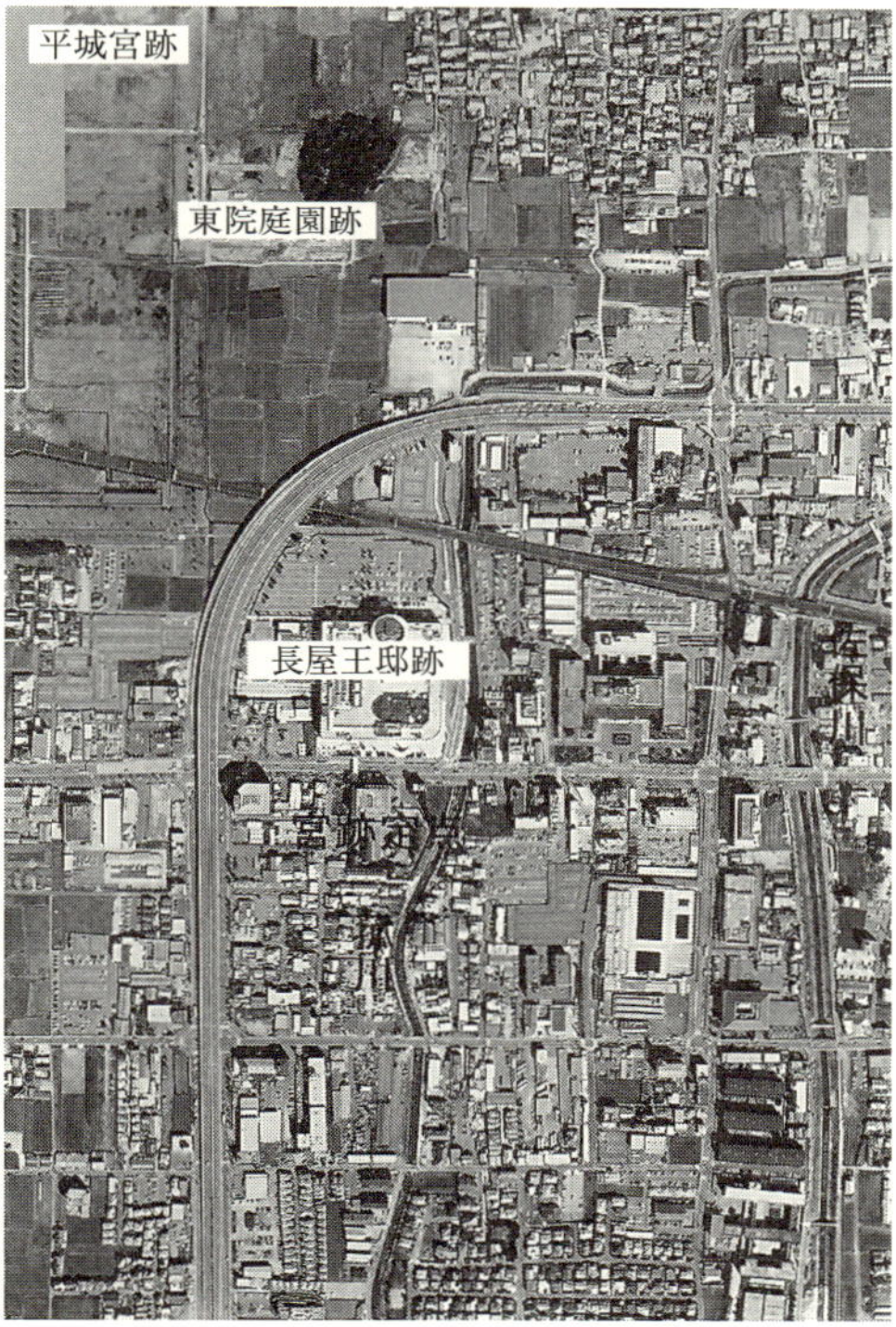

図2　平城宮跡と長屋王邸跡の位置

接する一等地。誰の邸宅かわかるかどうかは別にして、有力者の邸宅跡が見つかることは、多くの人が想像していた。デパート建設のスケジュールに追われる発掘調査ではあったが、調査は最大限の慎重さと緻密さをもって進められた。

最終的な発掘調査面積は約三万二〇〇〇平方メートル。三年間、一〇次二四回に及んだ発掘調査成果については、いまさら私が改めて述べるまでもあるまい。発掘された場所は、長屋《ながや》王《おう》の邸宅跡であり、長屋王事件の後は、光明皇后の皇后宮として利用されたことがわかっただけでなく、出土した大量の木簡《もっかん》からは、当時の有力王族の生活や経済基盤・家政運営のあり方など、文献史料のみではこれまでわからなかったさまざまなことが判明したのである。まさに日本考古学史上に燦然と輝く発掘調査となったのである。

出土木簡についてはすでに多くの方々が分析を加え、その成果は、奈良時代の社会史・政治史・経済史といったさまざまな分野の研究に生かされている。こうした成果を、すべて咀嚼し、奈良時代史を体系的にとらえることは、私の力の及ぶ範囲をはるかに超えたものである。そのため、以下で取りあげる長屋王邸跡の発掘調査成果は、本書のテーマである平城京の宅地の問題に直接かかわる点のみとなってしまう。しかし、そうした限られた切り口であっても、長屋王邸跡の発掘調査成果は今までの平城京の宅地に対する見方を大きく変えてしまったのである。

なかなかたどり着けなかった結論

左京三条二坊一・二・七・八坪が長屋王邸であった。この結論が示されたのは、昭和六十三年八月のある木簡の出土による（図3）。「長屋親王宮鮑大贄《あわびおおにえ》十編」この一〇文字が決定的な証拠となったのである（寺崎保広『長屋王』）。この木簡の出土地点は、デパート建設予定地の東端にあたり、限られた調査期間の中ではできるだけ発掘対象範囲を狭めなければならないという逼迫した事情から、当初は発掘調査が予定されていなかった場所であった。

しかし、建設のための掘削工事で掘り返された土の中に、木簡が含まれていることに奈良文化財研究所の職員が気づき、急遽、発掘調査を行うことになった。それが総数三万二〇〇〇点にも及ぶ長屋王家木簡の発見につながったのである。木簡は幅三メートル、長さ二七メートルの土坑（ゴミ捨て穴）から出土し、のちの分析により和銅三年（七一〇）から霊亀三年（七一七）までの限られた時期の木簡群であることがわかった。このことにより、この発見以前に見つかっていた奈良時代初期の遺構は、長屋王邸のものであることが決定的になったのである。

しかし、実はこの木簡以前にも、この場所が長屋王邸である可能性を示す木簡はいくつか出土していた。昭和六十二年十二月には、井戸から「長屋皇宮俵一俵石春人夫」と書かれた付札《つけふだ》木簡が出土した。この木簡は長屋王邸に送られた春米《つきよね》（籾殻を取り除いた米）に

図3　長屋王家木簡（奈良文化財研究所提供）

付けられていたものである。言わば、宅配便の伝票のようなもので、通常ならば宛先に届けられた時点で伝票も廃棄される。このほかにも、同じ場所からは「長屋皇宮俵」の文字が見える木簡が二点見つかっていた。そうなれば、この木簡が出土した場所は、宛先である長屋王邸の有力な候補地と考えるのが普通である。

ただ、この時はすぐにそうした結論は示されなかった。長屋王邸に届けられた舂米が、伝票を付けたまま、よそに転送された可能性もゼロではない、という理由から結論は保留されたのである。

ではなぜ、このとき、こうまで慎重な対応がなされたのであろうか。それは、この邸宅を長屋王邸跡とするには、不審な点がいくつかあったからである。そしてそれこそが、当時の平城京の宅地に対するイメージであり、常識であった。

ふたつの長屋王邸

後で詳しくお話しするが、平城遷都に伴い新しい都に住むことになった人々には、国から宅地が与えられた。土地は位階に応じて分け与えられ、位階の高い人ほど大きな土地を与えられた。平城京の前の都、藤原京では持統五年（六九一）十二月に宅地を配分しており、その時は右大臣四町、直広弐《じきこうに》（大宝律令《たいほうりつりょう》の官位でいう四位）以上は二町、大参以下（同五位）は一町、それ以下、無位に至るまでの人はその戸口《ここう》（一世帯あたりの男性の数）によって、上戸（八人以上）には一町、中戸（四人以上）には半町、下戸（二人以上）には四分の一町が与えられたとある。

平城京もそうであるが、藤原京も道路により土地を方形に区画していた。東西の大路（坊）と南北の大路（条）によって区画された方形の土地は、さらに道路により一六分割され、その一区画を坪（町）という。なお、藤原京の大きさは東西十坊、南北十条であることが近年では有力視されている（小澤毅「古代都市『藤原京』の成立」）。一坪（町）とは、一辺約一三二・五㍍であるので、一町規模の宅地（藤原京の宅地の記事から、以下宅地の面積を示す場合は、「町」という単位を用いる）となると、一万七五五六平方㍍。ただし、そこには宅地の周囲を取り囲む道路の面積も含まれているので、実際は約一万四〇〇〇平方㍍ということになる（図4）。

平城京では、宅地を配分したときの記録が残されていないので、正確なことはわからないが、藤原京と同様の基準で配分されたと考えられている（図5）。そして、宅地は一世帯に対し一ヵ所ずつ与えられた、と当然のように考えられていた。それは、藤原京の記事をどのように見ても、一人の人物が複数の宅地を与えられるようには読めないからである。

なぜ、ここでこのような話をしたかというと、長屋王の邸宅は、発掘された左京三条二坊ではない場所にあったことがすでに知られていたのである。長屋王は文人としても優れた資質をもっていたようで、その歌は『万葉集』と『懐風藻《かいふうそう》』に見られる。そして、これらの史料から、王が自邸に多くの客を招き、宴席を設けていたことがわかっている。

天皇のみよみませる御製歌《おおみうた》一首

青丹よし奈良の山なる黒木もち造れる屋戸《やど》は座《ま》せど飽かぬかも

右は、聞かく「左大臣長屋王の佐保の宅に御在《いでま》せる肆宴《とよのあかり》のきこしめす御製なり。」といへり。

（『万葉集』巻第八―一六三八）

宝宅において新羅の客を宴す

初春作宝楼において置酒す

（『懐風藻』六八、六九）

佐保、作宝はいずれも「サホ」と読み、宝宅も作宝の宅という意味である。また、時代は下るが、室町時代に完成した日本最初の系図集『尊卑分脈《そんぴぶんみやく》』は、長屋王のことを「佐保左大臣」と記すなど、長屋王が佐保に住んでいたことを示す史料は多い。こうしたことから、長屋王の邸宅は佐保の地にあったことが、すでにわかっていたのである。佐保は聖《しよう》武《む》天皇の佐保山南陵をはじめとする、奈良時代の陵墓が築かれた場所としてその名が見えるだけでなく、本書でも後に詳しく述べるが、大納言大伴安麻呂《おおとものやすまろ》の佐保宅、藤原房前《ふじわらのふささき》の邸宅跡に造られ平安時代に藤原北家の長者が春日詣のときに宿泊したとされる佐保殿、中世には佐保田庄などが見え、その範囲は宮の東方の地域を指しており、宮の南に位置する

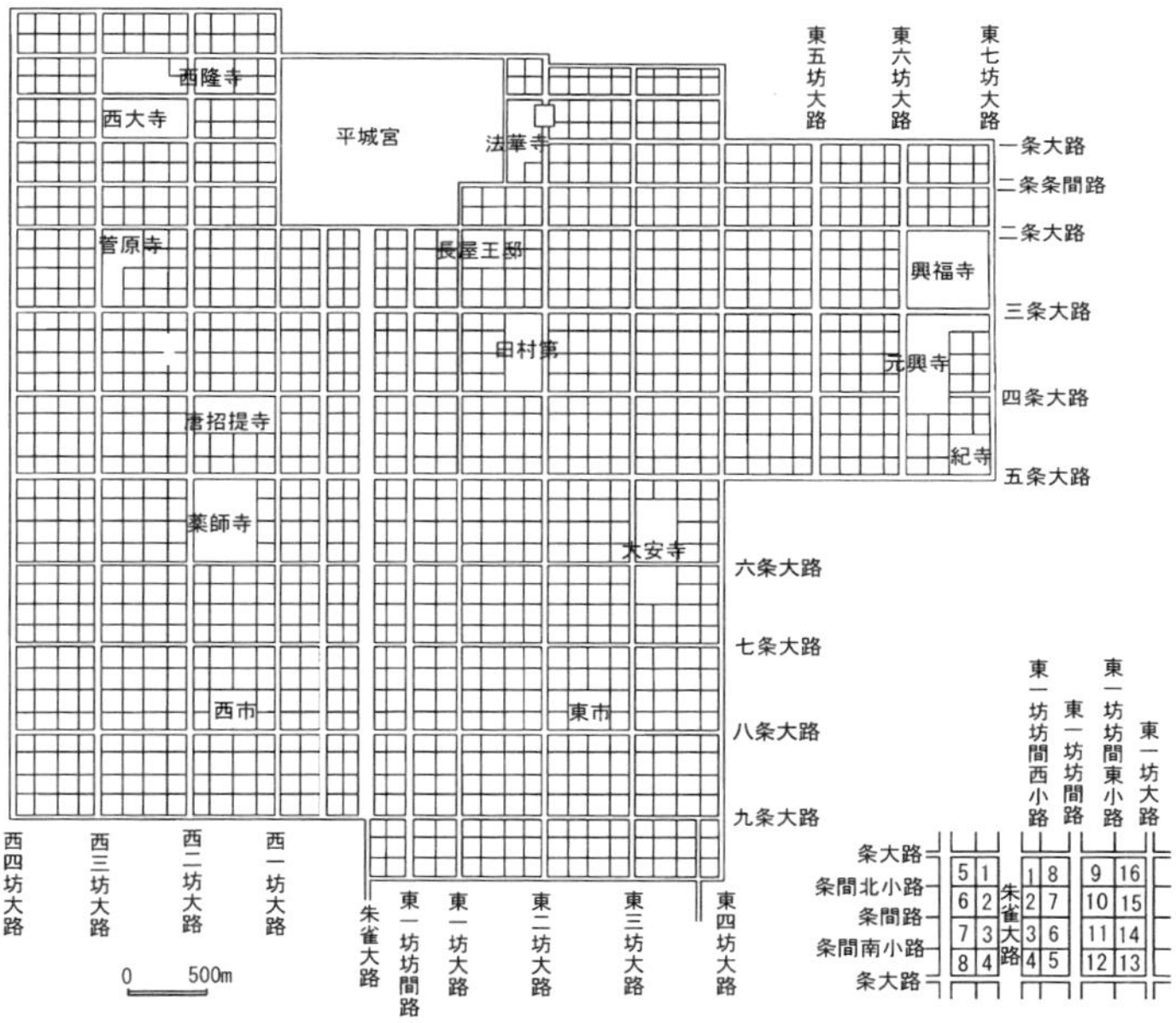

図４　平城京の町わり

この場所まで、佐保の範囲に含まれていたとは考えにくい（図６）。

また、それに加え長屋王の作宝宅（大伴氏の佐保宅とまぎらわしいので、以下、この字を当てる）は発掘調査によって、その有力な候補地がすでに見つかっていたのである。

平城京左京一条三坊十五・十六坪では奈良時代初期の庭園をもつ邸宅跡が発掘されており、その位置や時期、宅地の規模、さらには出土遺物からも長屋王の作宝宅である可能性が高いとされている。

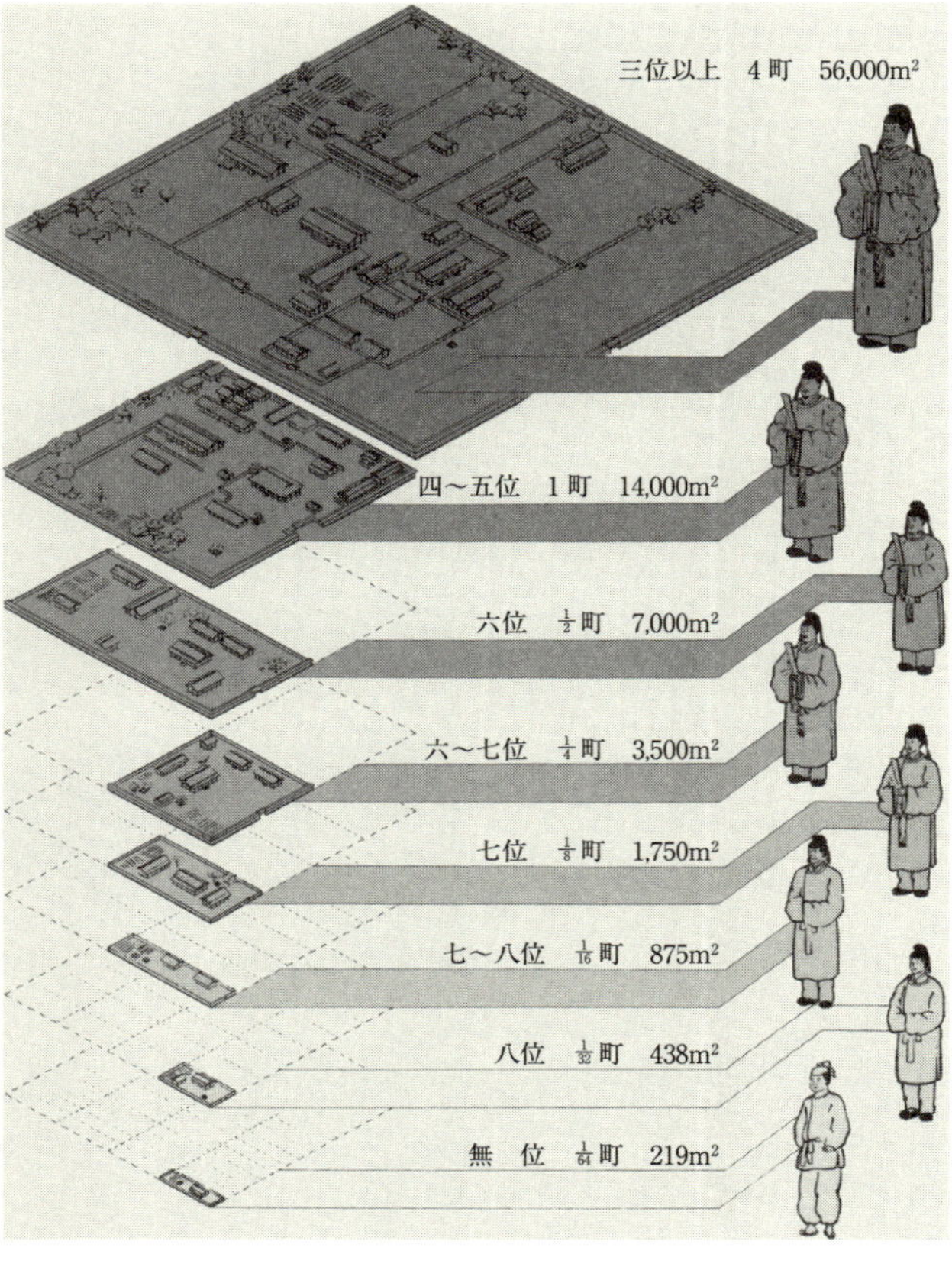

図５　位階と宅地
（『平城京　奈良の都のまつりごととくらし』奈良文化財研究所，2010年）

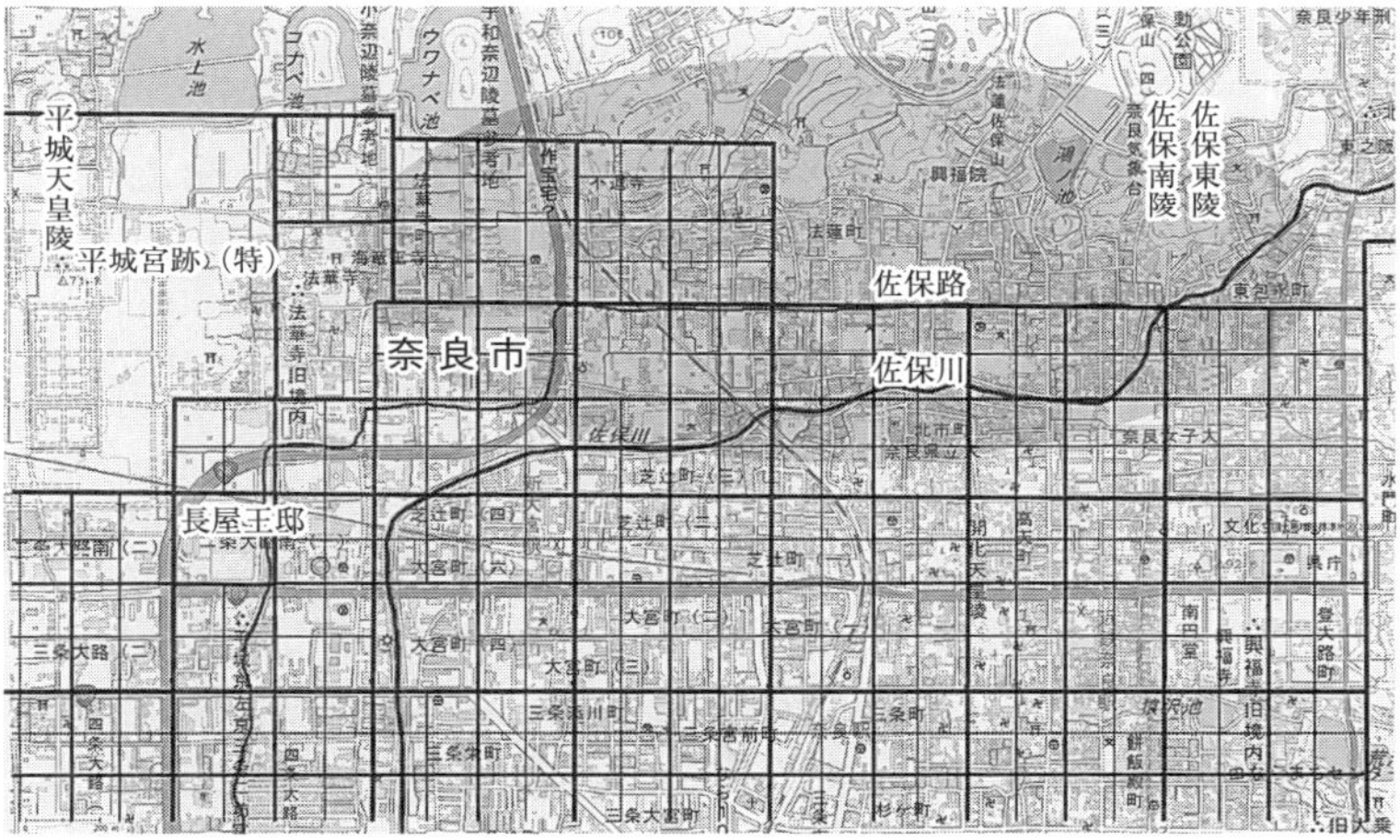

図6　佐保の範囲

つまり、「平城京遷都時の宅地は一ヵ所ずつ与えられた」という考えに則《のっと》れば、すでに邸宅の位置がほぼ判明している長屋王邸とするのは、躊躇せざるを得なかったのである。

従三位なのに宮南方の一等地

長屋王は言わずと知れた高市皇子《たけちのおうじ》の嫡子である。天武天皇の第一皇子で太政大臣であった高市皇子は天武・持統朝（六七三～六九七）における最重要人物であった。しかし、高市皇子は持統十年に薨去《こうきょ》し（『続日本紀《しょくにほんぎ》』では三位以上の人物が亡くなった場合は「薨」、それ未満のものは「卒」と使い分けている）、長屋王は大宝四年（七〇四）に父高市皇子の功績により正四位上になり、平城遷都時は、従三位宮内《くない》卿《きょう》（遷都直後に式部卿《しきぶきょう》）という地位にあった。長屋王の年齢については天武五年誕生説と天武十三年誕生説のふたつの説があるが、前者の説をとっても遷都時は三十五歳（木本好信『大伴旅人・家持とその時代』）。当時の太政官の中ではもっとも若い。

そしてこの時、長屋王よりも地位が上の人物には左大臣正二位石上麻呂《いそのかみのまろ》（七十一歳）、知太政官事二品穂積親王《にほんほづみしんのう》（四十歳前後か）、右大臣正二位藤原不比等《ふじわらのふひと》（五十二歳）、大納言正三位大伴安麻呂（六十歳前後か）、中納言従三位粟田真人《あわたのまひと》（六十歳以上）、同小野毛野《おののけぬ》（五十歳以上）、同中臣意美麻呂《なかとみのおみまろ》（五十歳前後か）がおり、それら地位や年齢も上の人物を差し置いて、長屋王がこのような一等地を与えられたとするのには、さらなる証拠が必要と考えられたのである（表1）。

疑問はあらたな謎となった

このふたつの大きな疑問があったため、なかなか長屋王邸という結論を示すことはできなかったのであるが、先の木簡の出土により、むしろこれまでの理解が誤りであり、遷都当初の平城京にはふたつの宅地をもつ人物が存在したこと、そして、位階が高ければ高いほど宮に近い場所を与えられる、という単純な理解だけでは説明できない場合があることがわかったのである。

こうした事実が明らかになったからこそ、今までの理解を検証し、平城京の宅地と居住者の問題を改めて考える必要が生じたのである（図7）。

表1　長屋王年譜

年	月	年齢	位階	官職	事　績
天武5年（676）					高市皇子の子として生まれる（天武13年説もある）
大宝4年（704）	1月	29	正四位上		
和銅2年?（709）	11月	34	従三位		
和銅2年（709）	11月			宮内卿	
和銅3年（710）	4月	35		式部卿	
和銅5年（712）	11月	37			文武天皇の崩御を悼み，北宮で大般若経600巻を書写
和銅7年（714）	1月	39			封100戸を賜る
霊亀2年（716）	1月	41	正三位		
養老2年（718）	3月	43		大納言	
養老4年（720）	8月				藤原不比等薨去
養老5年（721）	1月	46	従二位	右大臣	
	3月				帯刀資人10人を賜る
	12月				太上天皇の大葬に御装束事を行う
養老6年（722）	5月	47			稲10万束，籾400斛を賜る
神亀元年（724）	2月	49	正二位	左大臣	聖武天皇即位
神亀5年（728）	9月	53			両親の霊と聖武天皇らのために大般若経600巻を書写，奥書に作宝宮判官の文字が見える
神亀6年（729）	2月	54			長屋王事件

図7　長屋王邸復元模型（奈良文化財研究所提供）

もうしばらく長屋王邸の話を続けよう。この発掘調査では、長屋王邸やそこでの王の暮らしぶりがわかっただけでなく、長屋王事件の後にこの場所とその周辺の宅地が複雑な変遷をたどったことも明らかになった。では、長屋王事件の後のこの宅地の変遷を見ながら、問題点を指摘していこう。

不比等邸はどうなった

神亀六年（七二九）、長屋王は謀反を企てているという讒言《ざんげん》により、この邸宅を囲まれ、妻子とともに非業の死を遂げる。その後、長屋王邸はどうなったか。史料は黙して語らなかったが、発掘調査で出土した木簡により、長屋王の死後、この土地は藤原不比等の娘で聖武天皇の皇后となった光明《こうみよう》皇后の宮とされたことがわかった。

これまでは、光明皇后の宮すなわち皇后宮《こうごうぐう》は、現在の法華寺の場所にあったとされ、それを疑う人は誰もいなかった。それもそのはず『続日本紀』には、皇后宮が法華寺《ほっけじ》の場所にあったことがはっきりと書かれているのである。

恭仁京《くにきょう》、紫香楽宮《しがらきのみや》と都を転々と遷した聖武天皇は、天平十七年（七四五）に再び平城京を都とするが（平城還都）、『続日本紀』天平十七年五月十一日条には「旧の皇后の宮を宮寺とす」とある。宮寺とは法華寺のことであり、このことから、法華寺がもとの皇后宮であったことがわかっていた。

また、皇后宮になる以前は、藤原不比等が住んでいたことが『続日本紀』天平神護二年（七六六）十月二十日条に、称徳《しょうとく》天皇が法華寺のことを「此の寺は朕が外祖父先の太政大臣藤原大臣の家に在り」と述べていることからも知られていた。このふたつの事実から、藤原不比等邸は不比等薨去後に娘光明子《こうみょうし》に伝えられ、光明子が皇后となってからは、そのまま皇后宮となり、さらに皇后の意志で宮寺（法華寺）とされたと理解されていた。

光明皇后は、藤原四子が相次いで薨去した後、武智麻呂《むちまろ》の子、豊成《とよなり》と仲麻呂《なかまろ》が台頭するまでの間、藤原一族を代表する立場にあり、仲麻呂政権ではその政策を陰に表に支えた人物である。そうした活動が見られる彼女であるからこそ、藤原氏の本家とも言うべき不比等邸を引き継いでいるのも当然と思われていた。

ところが今回の発掘調査の結果、不比等邸がそのまま皇后宮になったわけではないことが明らかになったため、藤原不比等の邸宅にはその後誰が住んだのか、そしてどういう経緯で皇后宮になったのか、という新たな問題も生じた。もちろん、これまでの理解どおりに、光明子が住み、皇后になってから不比等邸に加えて旧長屋王邸にも宮を構えた、という理解も成り立つわけだが、その場合もふたつの皇后宮の性格の違いについて検討しなければならないだろう。

藤原麻呂邸の謎

長屋王邸の発掘では藤原不比等の四男、麻呂《まろ》の邸宅の場所もわかった。麻呂邸は旧長屋王邸の北隣、左京二条二坊五坪にあったことが、二条大路の路面に掘られたゴミ穴から出土した木簡（二条大路木簡）の分析により明らかになった。

麻呂は遷都時十六歳。当時は父親の位階に応じて、その息子は位階を受けることができた。これを蔭位《おんい》制と言い、父の位階が高ければ高いほど息子は高い位階につくことができた（表2）。いわば、名門の子は役人としての出世レースにおいて有利な立場を与えられるという仕組みである。しかし、その資格を得ることができるのは二十一歳と定められている（選叙令《せんじょりょう》）。遷都時の麻呂には位階がなく、そのため、位階に応じて与えられる宅地ももっていなかったということになる。ましてや、この場所は宮南面の一等地であるので、麻呂がここに住むようになったのは、長屋王邸が皇后宮になったときか、その直後としか

表2　位階と蔭位の関係

親王(品位)	諸王・諸臣		蔭　　位	推定宅地面積
一品	正一位 従一位			4町
二品	正二位 従二位			
三品	正三位 従三位			
四品	正四位	上		2町
		下		
	従四位	上		
		下	親王の子	
	正五位	上		1町
		下	諸王の子・一位の嫡子	
	従五位	上		
		下		
	正六位	上	五世王の嫡子・一位の庶子，嫡孫	1/2町
		下	五世王の庶子・一位の庶孫・二位の嫡子	
	従六位	上	二位の庶子，嫡孫・三位の嫡子	
		下	二位の庶孫・三位の庶子，嫡孫	
	正七位	上	三位の庶孫	
		下	正四位の嫡子	
	従七位	上	正四位の庶子・従四位の嫡子	
		下	従四位の庶子	
	正八位	上		
		下	正五位の嫡子	
	従八位	上	正五位の庶子・従五位の嫡子	
		下	従五位の庶子	
	大初位	上		
		下		
	少初位	上		
		下		

図8　宮跡庭園の池（奈良文化財研究所提供）

考えられない。

また、今回の発掘調査成果に直接かかわるものではないが、長屋王邸の南に接する左京三条二坊六坪も、長屋王事件の頃に宅地の利用状況が一変することがわかった。この場所は、現在、左京三条二坊宮跡庭園として特別史跡、特別名勝に指定されているように庭園を中心とした離宮のような施設であるが、長屋王事件の前は貴族の邸宅であったと見られている（図8）。

それが今回の発掘調査で、皇后宮の構造やそこで用いられた瓦の内容が明らかになったことによって、左京三条二坊六坪が離宮のような施設に整備されるのは、旧長屋王邸が皇后宮とされたのと同時である可能性があることがわかったのである。長屋王邸は皇后宮に変わったが、それとともに近接するふたつの宅地（左京二条二坊五坪と三条二坊六坪）も居住者や利用状況が変わっている。このことは、少なくとも長屋王邸周辺の宅地は、互いに密接な関係をもっていた可能性を示している。

しかし、麻呂邸は長続きしない。二条大路木簡などから、皇后宮は天平十二年（七四〇）の恭仁京遷都に伴い廃絶し、平城還都後は分割され、別の施設となるが、それと同時に麻呂邸も梨原宮《なしはらのみや》になることもわかった。後で詳しく説明するが、平城京の宅地の多くは居住者の死後、その子に相続されると考えられている（山下信一郎「宅地の班給と売買」）。しかし、麻呂邸は麻呂の子、浜成《はまなり》には相続されなかったのである。

こうした一連の動きから、少なくとも宮周辺の宅地は互いに強いつながりを有しており、中心となる施設（たとえば長屋王邸や皇后宮）が廃絶したり移動したりすると、周りの施設も少なからぬ影響を受けていることがわかったのである。

大規模宅地の構造

発掘された長屋王邸は、塀により分割された区画の中に大規模な建物が建ち並んでいる。長屋王、その妻吉備内親王《きびないしんのう》、王の皇子たちは、それぞれ別の区画に住んでいたと考えられている。区画の中の建物は主軸を揃え整然と配置されていて、このような施設はこれまでだと、個人の邸宅というよりは、むしろ官衙《かんが》

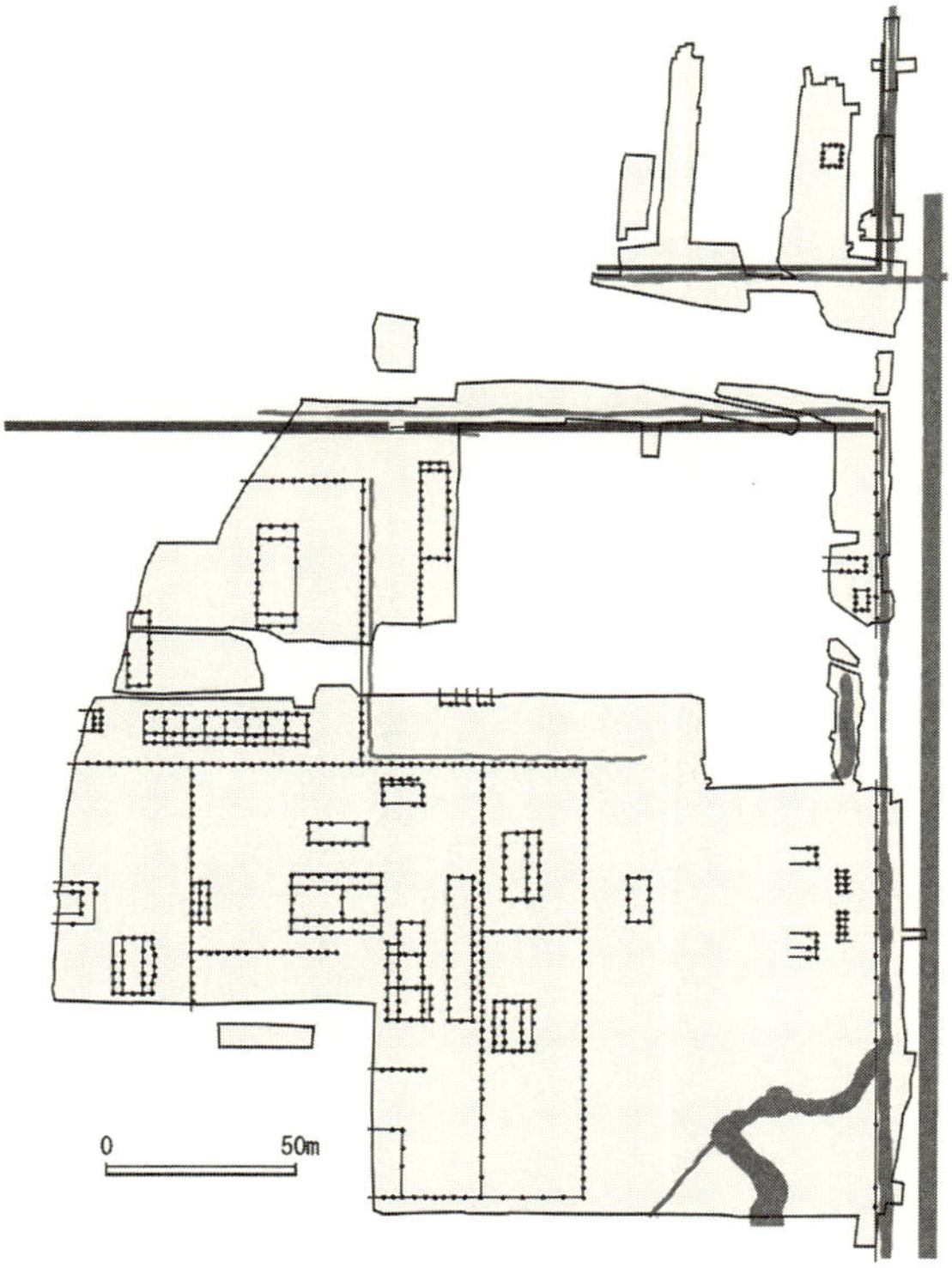

図9　長屋王邸の建物配置（『平城京左京二条二坊・三条二坊発掘調査報告』奈良文化財研究所，1995年）

（役所）である可能性が指摘されるような構造である（図9）。

それというのも、これまで見つかっていた貴族の邸宅は、ひときわ大きな主屋が建ち、その周囲に中・小規模な建物が配置されるものが多く、官衙か邸宅かを判断するときは、建物配置や敷地内の区画の有無に注目して行われていた。そのため、長屋王邸の発掘でも、調査の後半になるまで、この施設が官衙か邸宅か、なかなか判断がつかなかった。

長屋王邸の発掘は官衙か邸宅かを見分ける方法にまで、一石を投じたのである。

また、長屋王邸は四つの坪にまたがっているが、それぞれの坪を分割する道路が、遷都当初には造られていなかったこともわかった。藤原京では、まず京域全体に等間隔で道路を造り、その後に施設を配置するという方法をとっている。そのため、宮の下層からも藤原京の町わりに合致した道路跡が見つかるが、平城京では遷都時に複数の坪を一体的に利用する場合は、坪と坪とを分ける道路が造られていないということが改めて確認されたのである。

これは、平城京の都市計画段階において、どの場所に大規模な施設を置くかということが、あらかじめ決定されていたことを示している。つまり、後世の削平などの理由ですでに失われている場合を除いて、条坊道路が発掘調査で見つからない場合は、隣り合う坪どうしが都市建設の段階から一体的に利用することが決定されていたということになる。

瓦は語る

長屋王邸からは複数の瓦が出土していることから、瓦葺建物が存在したこともわかった。もともと瓦は寺院の屋根に葺くために採用されたものであった。それが藤原宮の造営に伴い、初めて宮殿建築にも用いられるようになったが、個人の邸宅に採用されるのはもっと後のことだと考えられていた。というのも、宮殿でも天皇が住む内裏《だいり》は、伝統的な檜皮葺《ひわだぶ》きであったため、奈良時代の人々も同じような意識をもっていたのではないか、と考えられていたのである。一方、『続日本紀』神亀元年（七二四）十一月八日条には、以下の記事が見える。

太政官奏《そう》して言《もう》さく、「上古淳朴《じょうこじゅんぼく》にして、冬は穴、夏は巣にすむ。後の聖人、代《か》ふるに宮室《きゅうしつ》を以《もち》てす。亦京師《またきようし》有りて、帝王居と為す。万国の朝《じょう》する所、是れ壮麗なるに非ずは、何を以てか徳を表さむ。その板屋草舎《いたやくさや》は、中古の遺制にして、営み難く破れ易くして、空しく民の財《たから》を殫《つく》す。請《こ》はくは、有司に仰せて、五位已上と庶人《うし》の営みに堪ふる者とをして、瓦舎《かわらや》を構へ立て、塗りて赤白と為さしめむことを」とまうす。奏するに可としたまふ。

これは、都を壮麗にするため、また従来の板葺きや草葺きでは建物の耐用年数が短く、維持費もばかにならないという理由で、五位以上の官人と裕福な庶民が瓦葺きの家を造ることを認めてほしいと太政官が天皇に奏上し、それが許可されたという記事である。

もちろん、これを機に平城京において瓦葺きの建物が大いに流行したというわけではない。瓦を作るためには熟練した技術が必要で、また相次ぐ造営工事により瓦の需要は常に高く、庶民が瓦を欲してもなかなか入手できるものではなかった。ただし、長屋王や有力貴族の中には氏寺《うじでら》をもっていた者も多く、氏寺で使用するための瓦を作る工房から、独自に瓦を手に入れることができたのである。

長屋王は仏教を篤く信仰していたことが知られ、父高市皇子のために奈良県桜井市にある青木廃寺《あおきはいじ》を造った可能性が指摘されており（大脇潔「忘れられた寺」）、ほかにも平城京内にあった観世音寺《かんぜおんじ》の名が長屋王家木簡に見える。

瓦の中でも軒先を飾る瓦には文様がある。文様は笵《はん》という木型に粘土を押しつけて作るために、細かく観察すると同じ木型で作られた瓦が特定できる。また、瓦は葺かれる建物や施設によって、文様が統一される傾向があることから、瓦を詳しく調べていくと、どこで作られ、どこに供給されたのかまでわかるのである。

長屋王邸から出土した瓦は、長屋王邸周辺の宅地と長屋王家木簡によって王とのかかわりが考えられる青木廃寺や観世音寺などの寺院跡からまとまって出土している。そして、長屋王邸が皇后宮になると同時に、この瓦は用いられなくなり、恭仁宮と同じ文様をもつ瓦が出土するようになる（図10～13）。

このように瓦の文様と居住者とが密接に結びついている事例は、ほかにもいくつかあり、瓦の分析から居住者へアプローチしようとする試みや、施設の性格を検討する試みもこれまでなされてきたわけであるが、長屋王邸から出土した瓦の出土傾向やその分布状況は、

図12　宮跡庭園の瓦（皇后宮成立前）

図10　長屋王邸の瓦

図13　宮跡庭園の瓦（皇后宮成立後）

図11　皇后宮の瓦

（いずれも奈良文化財研究所提供）

みごとに居住者の動向と一致したのである。

平城京の居住者復元へ向けての新たなアプローチ

これまで述べてきたように、長屋王邸の発掘調査は、平城京の宅地と居住者の問題を考えるうえでも大きな成果をあげるとともに、新たな問題を提示してくれた。それを列挙すると、

①当時の有力者の邸宅は一ヵ所とは限らない。
②遷都時の位階が高ければ高いほど、宮に近い宅地を与えられたとは限らない。
③すべての宅地は相続の対象とされていたとは限らない。
④建物配置だけで、邸宅と官衙を区分できるとは限らない。

こう書いてしまうと、長屋王邸の発掘調査成果は、平城京の宅地の問題をより複雑にしたように見えてしまうかもしれない。しかし、一方では、平城京の宅地の検討のための新たな視点を与えてくれたとも言える。たとえば、

⑤大規模な邸宅とそれに近接する宅地はなんらかのつながりがあり、もっとも大きな邸宅の居住者の変更が周辺の宅地に影響を及ぼすことがある。
⑥平城京には瓦葺き建物をもつ邸宅が存在し、瓦の需要と供給の関係を追究することにより、居住者の比定につながる場合がある。

これまでの平城京の宅地の研究は、ひとつひとつの宅地の発掘成果によって宅地ごと、

言わば家一軒ごとに進められてきた感があるが、⑤のような視点をもつことにより、それぞれの宅地を単体として見るのではなく、近接する宅地をひとつのまとまりとして見ることにより、宅地の変遷の理由が見えてくる可能性が浮かびあがったということになる。

このように長屋王邸の発掘成果は、平城京の宅地の複雑さを示しただけでなく、より広く柔軟な視点で分析を行っていけば、宅地という切り口からも、奈良時代史を明らかにできる可能性があることを示してくれたのである。

こうしたことを念頭に置きながら、これから平城京の宅地の居住者の問題について、考えていくことにしたい。

平城京に住んだ人々

ここでは、平城京の宅地を考えるための基礎的なこと、たとえば、平城京の宅地がどのような基準で分け与えられたのか、また、どんな人がどれだけ住んでいたのか、発掘調査で見つかる宅地の規模はどうか、ということについて確認する。

宅地の班給基準

先に述べたように藤原京では、位階に応じて宅地が与えられ、平城京でも同じような方法で宅地が与えられたと考えられている（大井重二郎『平城京と条坊制度の研究』）。また、宅地は無償で与えられたと考えられている。それは、藤原京や難波《なにわ》京の宅地の給付記事には金銭のことが書かれていないこと、「賜う」とか「班給《はんきゅう》」とあることによる（以下宅地を与えることを「班給」という言葉で統一する）。本当にタダで土地が手に入ったのか、私はその点にも疑問をもっているが、その話はひとまず後にとっておき、ここでは平城京の宅地が、どのような基準で班給されたのかについて述べておきたい。

『日本書紀』持統五年（六九一）十二月の、藤原京の宅地班給の記事と同様の記事は、『続日本紀』天平六年（七三四）九月十三日条にも見える。これは、難波京の宅地の班給記事であり、その時は三位以上一町、五位以上半町以下、六位以下は四分の一町以下とある。これによると、難波京では、与えられる宅地の面積が藤原京の四分の一となっていることがわかる。その理由は、藤原京の面積が約二五平方キロであるのに対し、難波京の面積は広く見ても一二平方キロ、つまり、京そのものの面積が違うことや、難波京は副都であったため、班給された宅地の面積も小さくなったと評価されている。

平城京の宅地班給は、藤原京の宅地班給と難波京の宅地班給の間に行われている。また、いずれの場合も、位階に応じて班給される土地の面積が決められていることや、位階ごとの土地の班給面積の比率はほぼ同様である。そして、平城京の面積は藤原京よりやや小さい約二四平方キロであることからすれば、平城京の宅地班給も、藤原京とほぼ同様の基準でなされたと考えるのが自然である。

つまり、三位以上が四町、四位が二町、五位が一町で、以下は二分の一町、四分の一町と考えられているのである。

奈良時代の日本は、律令という法律に基づいた、天皇を頂点としたピラミッド形の社会であった。役人たちは、律令の規定に応じて、正一位から少初位下まで三〇に分けられた位階を与えられるとともに、それに応じて、やはり律令で規定された役所に勤務した。都に住む有力者は、すべて国家の役人であり、給与も位階や職掌に応じて支給されることになっていた。こうした社会であるからこそ、宅地の班給も位階や職掌と密接にかかわっていたのである（図14）。

平城京は役人の町

平城京に当時どれだけの人が住んでいたのか。これについては諸説あり決着を見ない。五〜六万人前後と見る人もいれば、二〇万人弱という見方もある。こうした数字は、平城京にどれだけの家があったかを京の面積から想定し、そこに一世帯あたりの平均人数を乗じる、という方法で導き出されている。当然のことながら、基礎となる数値が少しでも違えば、結果は大きく異なることになる。また、こうした計算にならざるを得ないのも、そもそも人口を推定できるだけの史料に乏しいことが原因であり、この問題は、なかなか結論は出ないだろう。

ただし役人の人数については、律令によって定められたそれぞれの役所の定員数から、かなり具体的な人数まで割り出すことができ、そこからどれだけの土地が役人に与えられたのかということまでわかる。田辺征夫氏は遷都当初の役人の人数を、大宝令の職員令

（役所ごとの官名、職員、職務を定めた規定）などから割り出し、役人に与えられた土地の面積を次のように算出した（表3、田辺「遷都当初の平城京をめぐる一・二の問題」）。

三位以上	一三名×四町	五二町
四位	一五名×二町	三〇町
五位	七七名×一町	七七町
六位	一四三名×一町	一四三町
七位	一七五名×二分の一町	八八町
八位以下少初位	二九七名×四分の一町	七四町

総数七三三名　計四六四町

田辺氏は五位と六位は同じ一町を班給されたと見ているが、当時貴族として扱われたのは五位以上であり、六位との間に大きな待遇の差があったことから考えると、六位は二分の一町と考えるのが妥当である。そうすると役人に与えられた土地の面積は三九二・五町となる。

平城京の土地の総面積は、奈良時代後半に造られた北辺坊を除くと一三四四町で、そこから宮や薬師寺や大安寺のような寺院が造られた土地、市や役所が置かれた土地、地形上の理由で人が住めなかったと考えられる土地を除くと、だいたい一一〇〇町程度が班給可能な土地であると考えられる。

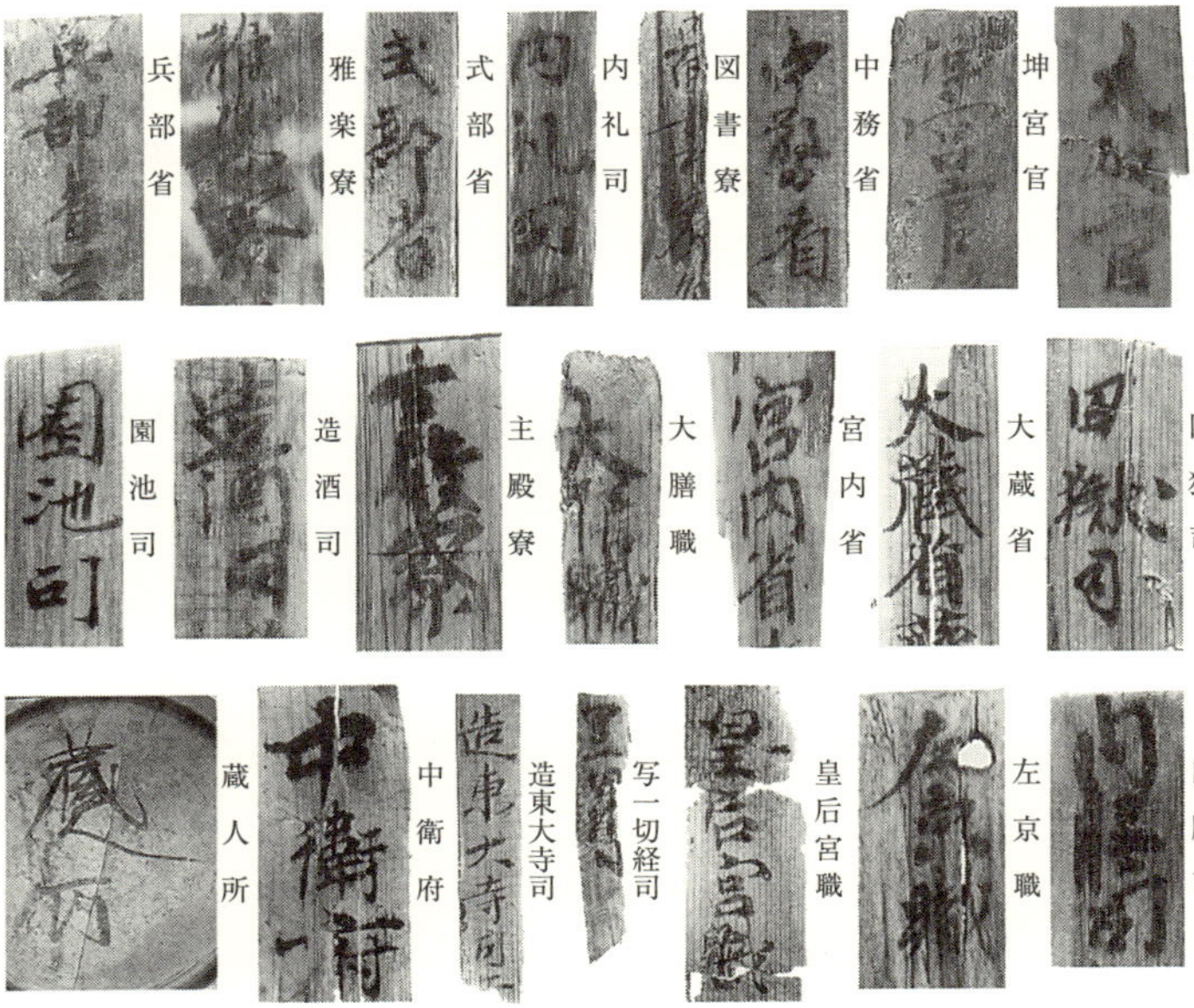

図14　木簡に見える役所の名称（奈良文化財研究所提供）

よって、役人に与えられた土地は京の宅地の約三七％ということになる。もちろん、現在全国を見渡しても、役人の家が宅地の三七％を占めるようなところはどこにもなく、この比率は現在の感覚では極端に高いと言える。また、田辺氏の算出した人数は、役所に勤めていた位階を持つ人物の数である。当時、位階はあるが役所に勤めていない人もたくさんいた。『続日本紀』の記載から、平城遷都時に生存が確認されている五位以上の位を持つ人物（男性に限る）は一一二名に及び、田辺氏が示

表3　奈良時代の役所と定員

神祇官	89					
太政官	227	中務省	238	中宮職	441	
				左大舎人寮	828	
				右大舎人寮	828	
				図書寮	70	
				内蔵寮	85	
				縫殿寮	27	
				陰陽寮	89	
				畫工司	84	
				内薬司	28	
				内礼司	16	
		式部省	118	大学寮	467	
				散位寮	33	
		治部省	96	雅楽寮	439	
				玄蕃寮	32	
				諸陵司	24	
				喪儀司	10	
		民部省	86	主計寮	36	
				主税寮	34	
		兵部省	86	兵馬司	11	
				造兵司	37	
				鼓吹司	15	
				主船司	10	
				主鷹司	9	
		刑部省	183	贓贖司	15	
				囚獄司	64	
		大蔵省	174	典鋳司	25	
				掃部司	40	
				漆部司	30	
				縫部司	14	
				織部司	22	
		宮内省	85	大膳職	282	
				木工寮	49	
				大炊寮	117	
				主殿寮	147	
				典薬寮	134	
				正親司	15	
				内膳司	80	
				造酒司	76	
				鍛冶司	41	
				官奴司	14	
				園池司	10	
				土工司	34	
				采女司	22	
				主水司	74	
				主油司	10	
				内掃部司	84	
				筥陶司	10	
				内染司	12	
		弾正台	65			
		衛門府	475	隼人司	14	
		左衛士府	475			
		右衛士府	475			
		左兵衛府	443			
		右兵衛府	443			
		左馬寮	90			
		右馬寮	90			
		左兵庫	28			
		右兵庫	28			
		内兵庫	14			
		左京職	52			
		右京職	52			
		東市司	39			
		西市司	39			
		東宮定員	960			
合計	316		4834		5088	10238

（単位：人）

表4　遷都時の五位以上の人物一覧（女性を除く）

三位以上(12)					
志貴親王	舎人親王	新田部親王	小野朝臣毛野	阿倍朝臣宿奈麻呂	石上朝臣麻呂
長屋王	穂積親王	長親王	粟田朝臣真人	大伴宿禰安麻呂	藤原朝臣不比等
四位(16)					
六人部王	安八万王	息長王	佐伯宿禰大麻呂	大伴宿禰手拍	巨勢朝臣麻呂
山前王	鈴鹿王	広湍王	多治比真人水守	大神朝臣安麻呂	当麻真人智得
竹田王			土師宿禰馬手	息長真人老	百済王南典
五位(84)					
大石王	巨勢朝臣邑治(祖父)	坂合部宿禰大分	上毛野朝臣堅身	小野朝臣馬養	調連淡海
熊凝王	大伴宿禰旅人	多治比真人吉提	巨勢朝臣久須比	笠朝臣長目	刀利康嗣
長田王	黄文連大伴	多治比真人吉備	佐太忌寸老	笠朝臣吉麻呂	藤原朝臣房前
益気王	佐伯宿禰麻呂	中臣朝臣人足	曽禰連足人	上毛野朝臣広人	藤原朝臣武智麻呂
阿刀王	中臣朝臣意美麻呂	阿倍朝臣船守	多治比真人三宅麻呂	紀朝臣男人	船連秦勝
門部王	百済王遠実	阿倍朝臣秋麻呂	平群朝臣安麻呂	黄文連益	穂積朝臣老
葛城王(橘諸兄)	百済王良虞	阿倍朝臣首名	穂積朝臣山守	日下部宿禰老	三国真人人足
	阿倍朝臣広庭	石上朝臣豊庭	大伴宿禰男人	車持朝臣益	路真人麻呂
	石川朝臣石足	石川朝臣難波麻呂	上毛野朝臣安麻呂	巨勢朝臣子祖父	山田史御方
	石川朝臣宮麻呂	猪名真人石前	佐伯宿禰百足	坂上忌寸忍熊	吉野連久治良
	忌部宿禰子首	釆女朝臣比良夫	縣犬養宿禰筑紫	坂本朝臣阿曽麻呂	神社忌寸河内
	大宅朝臣金弓	大伴宿禰道足	阿倍朝臣安麻呂	佐味朝臣笠麻呂	賀茂朝臣吉備麻呂
	当麻真人桜井	太朝臣安麻呂	大伴宿禰牛養	下毛野朝臣信並	台忌寸宿奈麻呂
	路真人大人	大神朝臣狛麻呂	大伴宿禰宿奈麻呂	多治比真人縣守	
	田口朝臣益人	小治田朝臣安麻呂	大倭忌寸五百足	多治比真人広成	
	阿倍朝臣爾閇	笠朝臣麻呂	忍海連人成	田辺史比良夫	

した人数一〇五名を上回っている（表4）。

宅地は役所に勤めているか否かではなく、位階によって与えられていることから、こうした無役の有位者にも、位階に応じた宅地が与えられたと考えられるので、役人に与えられた宅地の面積は、実際には宅地全体の四割をはるかに超えていたのだろう。

このように平城京とは、役人の町だったのである（図15）。

図15　復元された平城宮の官衙（奈良文化財研究所提供）

どんな人がどこに住んでいたのか

奈良時代に政治の表舞台で活躍した人のほぼすべては、平城京内に邸宅をもっていた。これは、当たり前と言えば当たり前の話なのであるが、平城京に先立つ藤原京では、京の外でも大規模な邸宅が見つかることがしばしばあり、有力者と言えども、必ずしも京内に宅地をもっていたとは限らなかった（林部均『飛鳥の宮と藤原京』）。

飛鳥の西方、橿原《かしはら》市五条野《ごじょうの》町にある、五条野向イ遺跡、五条野内垣内《うちかいと》遺跡では、ともに大規模な邸宅跡が見つかっており、有力者の邸宅か皇子宮と想定されているが、この施設は天武《てんむ》天皇の時代に成立し、廃絶時期は平城遷都時である。ここは藤原京の条坊が及んでいない範囲であるので、藤原遷都後も有力者が京の外に住んでいたことを示す事例と言える。こうした事例が認められるのも、藤原京が造られた場所が、もともとの都である飛鳥に近接していたためであって、飛鳥に住んでいた役人たちは、わざわざ藤原京に引っ越さなくとも通勤できたということが理由のひとつであろう。

しかし、平城京は飛鳥から遠く離れており、とても毎日通うわけにはいかない。だからこそ、役人の多くは住み慣れた故郷を捨てて、平城京へと引っ越したのである。『万葉集』には、遷都を決定した元明天皇自身が、飛鳥の地を去りがたい気持ちを詠《うた》った歌がある。

和銅三年庚戌の春二月藤原宮より寧楽宮《ならのみや》に遷りましし時に、御輿《みこし》を長屋の原に停《とど》めて迥《はる》かに古郷を望みて作れる歌（一書に云く、太上天皇《おおきすめらみこと》の御製《おおみうた》といへり）

飛鳥の明日香の里を置きて去《い》なば君があたりは見えずかもあらむ

（『万葉集』巻一―七八）

住み慣れた土地を離れる不安は天皇も同じであった。その気持ちを多くの人がもちながら遷都は行われたのである。その結果、平城京は日本で初めて役人の集住に成功した都市となった。そして、役人の集住こそが、律令制に基づく国家を作るためには、必要不可欠であったのである。

四条四坊	従六位下	秦大蔵連彌智	天平十四年十一月十五日優婆塞貢進解
		鞠智足人	天平勝宝元年十一月三日大宅可是麻呂貢賤解
五条一坊		小治田朝臣比売比	天平十四年十一月十四日優婆塞貢進解
唐招提寺寺地	二品	新田部親王	『続日本紀』（天平宝字三年）『大和上東征伝』
五条二坊	正八位上	車持朝臣若足	天平宝字五年十一月二十七日十市郡司解
	正六位上	岡連泉麻呂	天平勝宝五年六月十五日勘籍歴名
五条三坊	大初位下	岡屋君大津万呂	天平二十年四月二十五日写書所解
		赤染大岡	天平勝宝五年六月十五日勘籍歴名
六条三坊	従七位上	尋来津首月足	延暦七年十二月二十三日添上郡司解（薬師院文書）
		国百島	天平二十年四月二十五日写書所解
		茨田連豊主	天平勝宝九歳四月七日西南角領解
		□野麻呂	京北班田図
七条一坊	外従五位下	桜井田部宿禰足国	天平勝宝五年六月十五日勘籍歴名
		□□忌寸加比麻呂	京北班田図
		ム甲	唐招提寺文書「家屋資財請返解案」
七条二坊		笠新羅木臣吉麻呂	天平勝宝九歳四月カ西南角領解
		黄君満侶	天平二年三月檀越解信
七条三坊	正八位上	次田連東万呂	天平二十年四月二十五日写書所解
七条四坊	少初位上	高麗人祁宇利黒麻呂	天平十七年九月二十一日優婆塞貢進解
		秦常忌寸秋庭	天平五年右京計帳
八条一坊	大初位上	国覓忌寸弟麻呂	天平五年右京計帳
		韓人田忌寸大国	天平五年右京計帳
八条二坊		田上史嶋成	年月未詳経師貢進解
八条三坊	少初位上	幡文広足	天平十七年九月二十一日優婆塞貢進解
八条四坊		辛国連広山	天平勝宝九歳四月七日西南角領解
		大原史足人	天平十四年十二月九日優婆塞貢進解
九条一坊		息長丹生真人川守	天平勝宝九歳四月七日西南角領解
九条二坊	少初位上	山下造老	天平二十年四月二十五日写書所解
		敢国定	京北班田図
九条三坊		文伊美吉広川	天平勝宝元年十月十一日貢賤解
		葛井連恵文	天平六年七月二十七日優婆塞貢進解
九条四坊	従七位下	高向主寸人成	天平五年右京計帳
		息長丹生真人人主	天平勝宝九歳四月七日西南角領解
		上主村牛甘	天平勝宝九歳四月七日西南角領解
	少初位下	井守伊美吉広国	天平勝宝九歳四月七日西南角領解

	八条四坊		道守朝臣三虎	宝亀四年九月二十八日某貢進文
			桑内連真公（家）	宝亀三年十二月二十九日他田建足等月借銭解
	八条四坊		他田舎人建足（家）	宝亀三年十二月二十九日他田建足等月借銭解
	八条四坊		山部針間麻呂（家）	宝亀四年四月五日山部針間麻呂月借銭解
			直代東人	天平勝宝七歳七月二十三日田中氏蔵大唐内典六人部東人一切経
	九条一坊		陽胡史乙益	年月未詳経師貢進解
			布師首知麻呂	年月未詳優婆塞貢進解
	九条二坊		海使蓑女	日本霊異記
	九条三坊		志斐連公万呂	天平宝字六年八月二十七日造石山院所労劇文案
			田部国守（家）	宝亀三年十二月二十八日田部国守等月借銭解
			占部忍男（家）	宝亀三年十二月二十八日田部国守等月借銭解
	九条四坊	従八位下	漆部連禹麻呂	天平十六年十二月十日優婆塞貢進解
右京	一条三坊	正五位上	曾禰連伊甘志	天平十四年十二月十二日優婆塞貢進解
	一条四坊		覓忌寸薩比登	木簡
	二条二坊	正二位右大臣	大中臣清麻呂	岩本次郎考証『日本歴史』319 1974
	済恩院寺地	従三位	藤原朝臣清河	『日本後期』延暦十一年十一月十四日条
	三条二坊	従四位下	小治田朝臣安万侶	天平元年二月九日小治田安万侶墓誌銘
		従六位上	於伊美吉子首	天平五年右京計帳
	三条三坊		出庭徳麻呂	天平五年右京計帳
			次田連福徳	天平五年右京計帳
			三上部麻呂	天平五年右京計帳
			細川椋人五十君	天平五年右京計帳
			三国真人磯乗	天平神護二年十月二十一日越前国司解
			秦小宅牧床	天平五年右京計帳
			八多朝臣虫麻呂	天平五年右京計帳
			寺史足	天平十七年八月一日優婆塞貢進解
			丈部浜足	宝亀三年二月二十五日丈部浜足月借銭解
	三条四坊		箭集宿禰石依	天平五年右京計帳
			大宅岡田臣虫麻呂	天平勝宝五年六月十五日勘籍歴名
	四条一坊	従七位上	上毛野公奥麻呂	天平神護二年十月二十一日越前国司解
	興福院寺地	従二位内大臣	藤原朝臣良継	公卿補任　岸俊男考証
	四条四坊	従六位下	即足入	天平勝宝元年十一月三日東大寺奴婢籍帳

五条一坊	正六位上	小治田朝臣豊人	延暦七年十二月二十二日添上郡司解（薬師院文書）
		大俣連山守	天平勝宝五年六月十五日勘籍歴名
五条二坊	正八位下	小野朝臣近江麻呂	天平勝宝八歳八月二十二日東大寺三綱牒
五条三坊	少初位上	村国連五百嶋	天平勝宝五年六月十五日勘籍歴名
	従五位上	阿倍朝臣嶋麻呂	天平勝宝三年七月二十七日近江国蔵部郷券（東寺文書）
五条四坊		丹波史東人	天平十四年十一月十五日優婆夷貢進解
	大初位下	鳥取連嶋麻呂	天平五年右京計帳
五条四坊八・九坪		播磨国調邸	奈良市教育委員会発掘調査
五条五坊		百済連弟人	年月未詳優婆塞貢進解
六条一坊	大初位下	酒田朝臣三□	天平十四年十一月十五日優婆塞貢進解
		犬上朝臣真人	天平感宝元年六月十日左京職移
六条二坊		安拝常麻呂	天平七年閏十一月五日安拝常麻呂解
		海犬甘連万呂	天平二十年四月二十五日写書所解
	従七位上	間人宿禰鵜甘	天平宝字八年二月九日越前国司公験
	正六位上	後部高笠麻	天平勝宝九歳四月ヵ西南角領解
六条三坊	従八位下	葛井連恵文	天平勝宝五年六月十五日勘籍歴名
		大春日朝臣難波麻呂	延暦七年十二月二十三日添上郡司解（薬師院文書）
六条四坊		草首広田	天平年中カ従人勘籍ヵ
七条一坊		池田朝臣夫子	天平十七年八月一日優婆塞貢進解
		息長丹生真人常人	天平宝字六年八月二十七日造石山院所労劇文案
		丹比勇万呂	天平勝宝三年三月五日経疏本出入帳案
七条二坊		息長丹生真人広長	天平宝字五年十一月二十七日十市郡司解
七条四坊		市君船守	天平勝宝八歳八月二十三日東大寺三綱牒
八条一坊	正六位下	山部宿禰安万呂	天平二十年四月二十五日写書所解
		民伊美吉若麻呂	天平勝宝四年灌頂梵天神策経（続古経題跋）
		財首三気女	天平勝宝四年灌頂梵天神策経（続古経題跋）
八条二坊		三尾浄麻呂	天平勝宝七歳七月二十三日田中氏蔵大唐内典六人部東人一切経
		高史千嶋	天平十三年三月八日大般若波羅密多経（文殊院文書）
八条三坊	従八位上	大宅首童子	宝亀五年二月十日大宅首童子月借銭解
		相模国調邸	天平勝宝八歳二月六日相模国朝集使解

表5　平城京の居住者（網カケは五位以上の人物）

（1）

居住地		位階	居住者	根拠史料等
左京	法華寺寺地	正二位右大臣	藤原不比等	『続日本紀』天平神護二年十月二十日条
	作宝宅	従三位	長屋王	『万葉集』『懐風藻』
	佐保宅	正三位大納言	大伴宿禰安麻呂	『万葉集』
	一条二坊		倭史真首名	天平二十年四月二十五日写書所解
			坂上朝臣松麻呂	宝亀四年十二月十四日藤原種継校生貢進啓
			丈部臣葛嶋	天平勝宝九歳四月七日西南角領解
	一条三坊		新田部真床	天平二十年四月二十五日写書所解
			県犬養宿禰忍人	天平十四年十一月十五日優婆塞貢進解
			奈良曰佐広公	天平年中カ従人勘籍カ
		正七位下	大原真人今城	天平二十年十月二十一日中村氏文書、奴婢売買券
	二条二坊		藤原朝臣麻呂	発掘調査（出土木簡）
	二条五坊七坪	従三位	紀勝長	延暦二十三年六月二十日東南院文書
	二条七坊	従五位下	広上王	神護慶雲四年五月八日普光寺牒（薬師院文書）
	三条一坊	大初位下	阿刀宿禰田主	天平勝宝八歳八月二十二日東大寺三綱牒
			山辺少孝子	天平勝宝八歳八月二十二日東大寺三綱牒
	三条二坊	従三位	長屋王	発掘調査（出土木簡）
		従八位上	槻本連大食	天平十四年十一月二十三日優婆塞貢進解
	三条三坊		日置造男成	天平二十年四月二十五日写書所解
		二品	舎人親王	近江考証
	三条四坊		小治田朝臣藤麻呂	天平二十年十一月十九日伊賀国拓殖郷券
	四条二坊	正一位大師	藤原仲麻呂	岸俊男考証『日本古代政治史研究』塙書房1966
			石上部君鷹養	天平十四年十一月十五日カ優婆塞貢進解
		正五位上	市原王	天平宝字二年十一月二十八日伊賀国拓殖郷券
	四条三坊		小治田朝臣弟麻呂	天平二十年六月二十七日伊賀国拓殖郷券
			秦人虫麻呂	天平十七年八月一日優婆塞貢進解
	四条四坊	従五位下	大朝臣安万侶	養老七年七月六日大朝臣安万侶墓誌
			丹波史東人	天平十七年八月一日優婆塞貢進解
		従八位上	奈良日佐牟須万呂	天平十七年正月十二日優婆塞貢進解

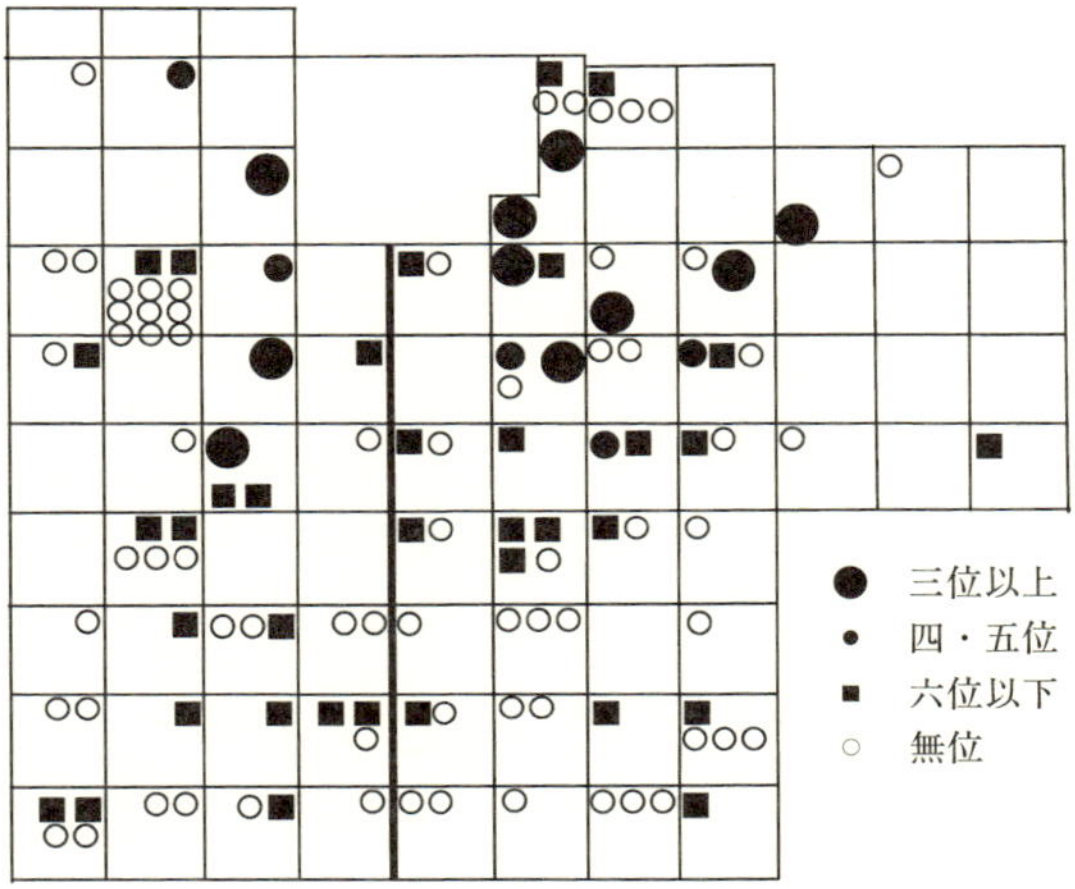

図16　位階別居住者分布図

先にも少しふれたように、平城京ではその都市計画の段階から、京のどの場所に大規模な宅地を置くか、ということが決定されていたようである。このことは、律令制による官僚機構を円滑に機能させる目的で、その人物の地位や職掌に応じて、誰がどこに住むかが決定されたことを示す。高級貴族は、都市計画の段階で住む場所までが決められていたのである。

それでは、どんな人がどこに住んでいたのか、その具体事例について見ていこう。平城京において宅地の場所と居住者との関係が知られているのは、約一三〇名である（表5、図16）。その大多数が身分の低い人たちであり、歴史上の著名人の住んだ場所は意外とわかっていない。それというのも、奈良時代の記録と言えば『続日本紀』という正史は伝わるものの、個人に直接かかわる文書の類はきわめて少ないからである。言い換えれば、個人の住所を書かなければならないような文書があまり残っておらず、住所がわかっている高位の人物は、たまたま、なんらかのかたちで住所を特定できる情報が残ったにすぎないのである。

たとえば、藤原不比等の邸宅は、称徳天皇が法華寺のことを「私の外祖父の家であった」と発言したことによってわかるのであり、後にお話しする藤原清河《ふじわらのきよかわ》は、その旧邸が済恩寺《さいおんじ》になったこと、そして斉音寺という地名が今も残ることから邸宅の場所が推定されている。また、長屋王や光明皇后、藤原麻呂の邸宅は、発掘調査で出土した木簡により判明し、太安万侶《おおのやすまろ》（図17）や小治田安麻呂《おはりだのやすまろ》は出土した墓誌銘により住所が突き止められたのである。このように平城京における高位の人物の邸宅の場所は、偶然明らかになったか、断片的な情報をつなぎ合わせた解釈によって推定されている場合がほとんどなのである。

図17　太安万侶墓誌（橿原考古学研究所提供）

それに対し、身分の低い人たちについては、住所を記さなければならない文書が正倉《しょうそう》院《いん》などに伝わっている。住所を記さなければいけない文書の代表的なものには、土地や建物を担保とした借金の申込書がある。このような史料を「月借銭解《げっしゃくせんげ》」という。

下級役人の生活は、本人の生活態度が悪いのか、それとも給与が安いのかわからないが、しばしば困窮し、自らの土地や建物を質に入れ、金を借りている（馬場基『平城京に暮らす』）。借用書には担保物件の内容を書くのは今も昔も変わらないので、必然的に名前と住所を史料に残すことになる。

もうひとつが、当時の住民票というべき計帳《けいちょう》である。これにも住所と家主の名、家族構成が書かれることになる。このほかにも、土地の売買に伴う文書、公式な受戒を求める優婆塞《うばそく》や優婆夷《うばい》のために作成された推薦状（優婆塞貢進解《こうしんげ》）にも、住所、氏名が書かれている。こうした史料から、多くの下級役人の住所が判明しているのである。

また、これらの史料は、単に住所がわかるだけでなく、史料によっては宅地の規模や建物の数までわかるものがある。宝亀五年（七七四）の従八位上大宅首童子《おおやけのおびとどうじ》の月借銭解によると、彼の宅地は左京八条三坊にあり、一町の一六分の一の規模であったことがわかる。また、宝亀三年の他田舎人健足《おさだのとねりたけたり》らの月借銭解では、家の場所は左京八条四坊、宅地の規模は一町の六四分の一であることがわかる（図18）。

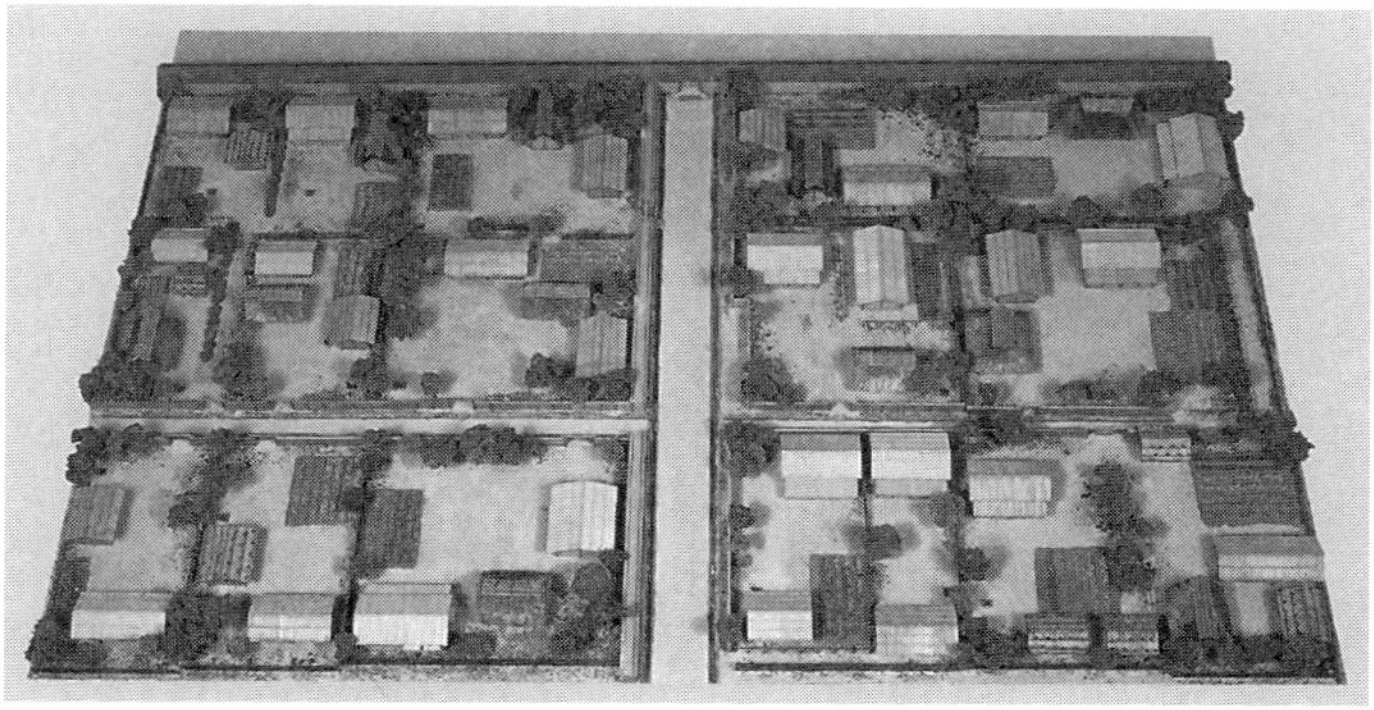

図18　庶民の家の復元模型（奈良文化財研究所提供）

このように史料に見える下級役人の家は特定の場所に集中する傾向を示しており、宮から距離が離れたところにあるという傾向が認められる。この傾向は、発掘調査で見つかる小規模な宅地の分布傾向とも合致することから、「身分の低い人は宮から離れた場所」という通説の根拠のひとつとされている。

宅地に造られたさまざまな施設

平城京は役人の町だった。しかし、平城京の宅地のすべてが役人や役所に勤める人の家ばかりであったわけではない。もちろん、庶民の家もあったし、地方から国の仕事のために動員された人々の宿舎もあった。また、規模の大きな施設としては、薬師寺や大安寺《だいあんじ》のように国家によって造られた寺院や、遷都に伴い飛鳥や藤原の地から遷されたと伝えられる国立寺院以外の寺、たとえば葛木寺《かつらぎじ》・紀寺《きでら》などの氏寺、禅院寺など僧侶によって建てられた寺があり、この他にも遷都後に裕福な庶民により造られた小規模な仏堂も複数あった。

こうした寺は、史料に現れるものや瓦葺きのものは、ある程度その所在地が判明しているので、発掘調査をすれば邸宅と間違えることはあまりないが、史料が残らず瓦も葺いていない寺は、邸宅との区分が困難な場合もある。

しかし、寺以上に邸宅との区分が難しいのは官衙《かんが》であり、宅地の居住者を考えるためには、見つかった遺跡が邸宅なのか官衙なのか、という点に常に注意しなければならない。基本的に官衙は、宮内に置かれるが、官衙によっては京内に置かれるものもある。

たとえば、市を管理・経営する市司《いちのつかさ》は、市の近くに設置される。平城京の市は東市が左京八条三坊、西市が右京八条三坊にあり、東西市司も、それぞれの近辺に置かれたと考えられる。また、平城京内の行政を司る役所は、京職《きようしき》と呼ばれ右京と左京にそれぞれ置かれていた。これも職掌上の理由から宮内ではなく京に置かれたことが知られている。このほかにも、貴族の子弟を教育する大学寮も京内にあった。

また、こうした独立した官衙だけでなく、宮内に置かれた官衙の出先機関とも言える官衙が、京内にも置かれたようである。律令が整った後も、役所の業務は細分化され、官衙の規模も拡大していくことが『続日本紀』などからも知られているが、拡大した業務を行う場所が、宮内の施設だけではまかないきれなくなった結果、それぞれの官衙は京内に進出するようになる。今で言えば、役所の分庁舎が、それまでの庁舎とは離れた場所に置かれるようなものである。

代表的なものをひとつ紹介しよう。右京二条三坊四坪では、規模は一町に満たないが、造酒に関わる官衙と考えられる施設が見つかっている。この坪には、当初は小規模建物が数棟存在するだけであったが、奈良時代中頃以降に、西二坊大路に面して門が造られるのと同時に、複数の甕《かめ》を地面に埋め込んだ掘立柱建物《ほったてばしらたてもの》が建てられた。奈良時代には国営で酒造りが行われていて、酒を作る役所は造酒司《ぞうしゅし》と呼ばれ、宮内省の下に置かれていた。儀式に用いる酒を造ることを目的としたもので、長官以下六〇名の役人がそこに勤めていた。平城宮内で行われた造酒司の発掘調査では、大きな井戸（図19）や大甕を規則的に据え付けた建物が見つかるとともに、「造酒司符」など酒造りにかかわる木簡が出土している。

右京二条三坊四坪も、宮内にある造酒司とよく似ていること、また一町に満たない宅地であるにもかかわらず、大路に門を開くこと（貴族の邸宅で大路に門を開くことができたのは三位以上と規定されていた）、建物配置が整然としていることから、玉田芳英氏は造酒司の現業部門であった可能性を示唆している（玉田芳英「平城京の酒づくり」）。ほかの役所についても、このように京内に分庁舎をもつものが存在した可能性は高く、こうした分庁舎のような官衙の存在も考えておかなければなるまい（図20）。

図19　造酒司の井戸（奈良文化財研究所提供）

さらに、京内には天皇が行幸する離宮があった。松本宮・梨原宮・大原宮・田村宮などの名前が木簡をはじめとする史料に見える。なお、田村宮は藤原仲麻呂の田村第《たむらだい》に併設した施設と考えられる。

このほかにも、諸国が平城京に置いた出先機関もある。現在の地方公共団体が東京に置いている東京事務所のようなものである。こうした役所の主な業務は、地方から平城京に運ばれる税の納入に係る事務や、諸国の特産品を平城京で販売することであったようで、調邸《ちょうてい》と呼ばれた。史料では相模国が東市付近に調邸を置いていたことが知られており、発掘調査では、播磨《はりま》国府から出土する瓦と非常によく似た瓦が出土した左京五条四坊八・九坪が、播磨国調邸の可能性が高いと指摘されている。相模国調邸は、少なくとも一町規模であったことがわかっており、播磨国のものは二町規模であったと考えられているが、こうした施設はその構造がはっきりしないために、邸宅と区分しにくいものである。

宅地の居住者を推定する

ここまで述べてきたように、平城京には役人の家や役所に勤める人々の家、官衙や寺院など実に多様な施設があった。そうした中で、どこに誰が住んでいたのかということを復元するのは、先に紹介したような居住者に直接つながる史料が残されていたり、居住者を示す木簡が出土したりしない限り、なかなか難しい。

しかし、そうした情報がない限り、居住者をまったく復元できないのかといえば、そうではない。史料やこれまでの発掘調査成果の検討から、居住者を復元するためのいくつかの手かがりがある。そのいくつかを紹介しよう。

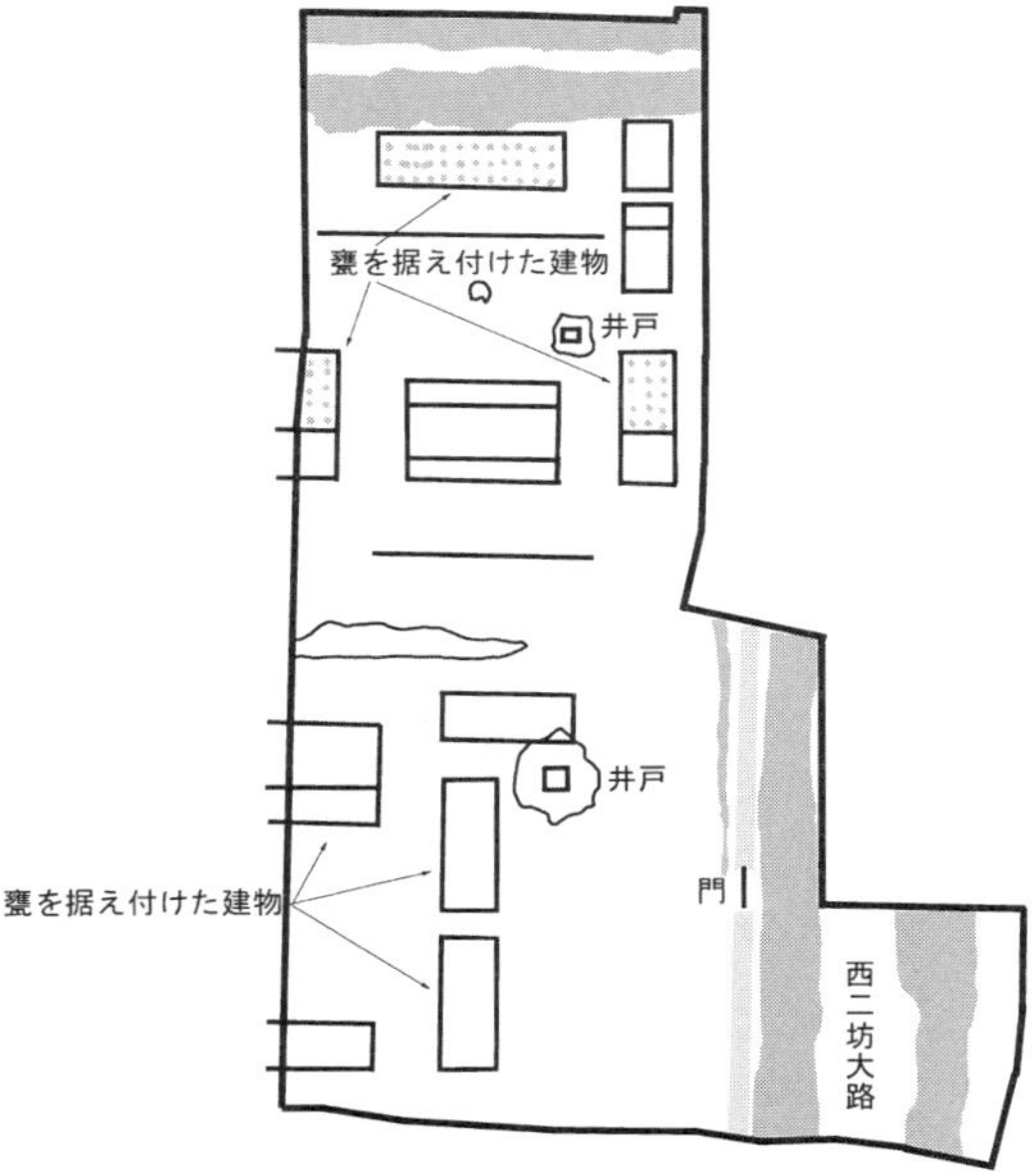

図20　右京二条三坊四坪の施設（奈良市概報，平成5年度）

先にも紹介したが『続日本紀』によると、大路に面して門を造ることができたのは、三位以上であったことが知られている。

左右《さう》京職《きようしき》言《もう》さく、「三位已上の宅門《たくもん》を大路に建つること、先に已《すで》に聴許《ゆる》す。未審《いぶか》し。身薨《こう》せば、宅門若為《いか》にか処分せむ」とまうす。勅《みことのり》したまはく、「亡《う》せし者の宅門は、建つる例《ためし》に在らず」とのたまふ。

（『続日本紀』天平三年九月二日条）

これによると、天平三年以前に三位以上の者には、大路に面して門を建てることを許していたことがわかるとともに、もしその人物が亡くなった場合、その門は撤去しなければならないことになっていたこともわかる。もちろん、大路に門を開いている施設には、官衙もあるので、門の存在だけで、こうした宅地の居住者が三位以上の人物であるとは断定できないが、三位以上の人物の邸宅を探すときの目安のひとつになり、例えば大路に面する門がある時期に撤去されたことが判明するような事例が見つかれば、その撤去年代から居住者の名前にまで迫ることができる可能性も浮上する。

また、少なくとも遷都時の宅地の規模は位階によって異なっていたため、それを目安とした推定も可能であるし、長屋王邸で見たように出土した瓦の文様の検討からも、居住者を絞り込むことも可能である。

これらのことは、貴族の邸宅と官衙の区分がある程度できれば、史料が残されていない宅地についても、居住者を比定できる可能性があることを示している。特に、高位の人物については『続日本紀』などから、その動向がある程度把握できるので、その可能性はより高くなる。

そうした考えに基づき、次に私が居住者を推定したある宅地の話を紹介しよう。

舎人親王の邸宅

居住者復元に向けての新たな試み

平城京の町わりや、京内の施設の実態について、先駆的な業績を残した岸俊男氏は、その論文の中で史料と地名の考証から、当時の有力者の邸宅の所在地についてもいくつか述べている（岸俊男「遺存地割・地名による平城京の復原調査」）。その一連の作業の中で、藤原仲麻呂の田村第の所在地を突き止めたのであるが、氏がその存在に注目しながらも、詳細な言及を避けた場所のひとつが、左京三条三坊付近にある「衛門殿《えもんど》」という地名が残る場所である。この付近は早くから宅地化されたため、発掘調査もあまり行われていないのであるが、多量の瓦が出土すること（図21）、そして遷都当初は左京三条三坊三坪と六坪を画する道路が造られておらず、このふたつの坪が一体として利用されていたことが知られていた。

図21　左京三条三坊六坪瓦出土状況（橿原考古学研究所提供）

この坪の居住者を私は『日本書紀』の編纂に携わり、養老四年（七二〇）に天皇に撰上した舎人親王《とねりしんのう》と考えた。これから、まず、舎人親王について紹介し、続いて左京三条三坊が舎人親王邸という結論に至るまでのプロセスを説明する。

舎人親王という人

舎人親王は、天武五年（六七六）に天武天皇と天智天皇の娘新田部皇女《にいたべのひめみこ》との間に生まれる。天武天皇の第六皇子だったようで、持統九年（六九五）に浄広弐《じょうこうに》（大宝令による四品相当）と見えるのが史料上の初見である。

養老二年に一品に昇叙され、翌年には新田部親王とともに、皇太子首皇子《おびとおうじ》の補佐を命じられる。養老四年、藤原不比等の死の直後に、知太政官事《ちだいじょうかんじ》に任じられ、皇親《こうしん》の重鎮として扱われているが、舎人親王はその後、藤原氏と急速に接近するようで、天平元年（七二九）の長屋王事件では、新田部親王とともに長屋王を糾問し、自殺に追い込む。その後は、光明子の立后を宣言するなど、親藤原氏の姿勢を貫き、天平七年（七三五）に生涯を閉じる。また、舎人親王の子、大炊王《おおいおう》は藤原仲麻呂に擁立され、淳仁《じゅんにん》天皇として即位する。これにより舎人親王も、崇道尽敬《すどうじんけい》皇帝《こうてい》の追号を受けている。

なお、淳仁天皇と藤原仲麻呂は、孝謙《こうけん》上皇と道鏡《どうきょう》との政争に敗れ、淳仁天皇は廃され淡路島で短い一生を閉じる。その後、淳仁天皇の兄弟は、重祚《ちょうそ》した称徳天皇の命により、船《ふね》王は隠岐、池田《いけだ》王は土佐に流され、また三原《みはら》王・守部《もりべ》王らの子孫も配流されている。さらに、舎人親王の孫である和気《わけおう》王は、仲麻呂の乱のさいに孝謙上皇方に味方したことにより、乱後の論功行賞で従三位に昇叙されるが、天平神護元年（七六五）に謀反を企て露見し伊豆に流される途中、山背《やましろ》国で絞殺される。

未婚の女帝である孝謙天皇の後に皇位を継ぐのは誰か。これは当時の政治上、大きな問題であり、その候補として名があげられたのが、新田部親王と舎人親王の皇子たちであった。このことは、この二人の親王の血統が皇位を継ぐべきという意見が、強かったことを示しており、称徳天皇が舎人親王の皇子たちに厳しい処分を科したのも、皇位継承に伴う混乱を未然に防ごうとした意図が働いていたと考えられる。そして、和気王の謀反も皇位を望んだためとされている（図22）。

このように舎人親王は奈良時代前半において、弟の新田部親王とともに皇族の重鎮として活躍し、藤原氏と緊密な関係を保ちながら政権運営を行っていた。こうした親王の姿勢は、その没後も子孫に引き継がれたようであるが、仲麻呂政権没落後は、逆にそのことが仇になって、両親王の子孫は歴史の表舞台から遠ざかるようである。

発掘調査でわかったこと

左京三条三坊三坪と六坪の間には東三坊坊間西小路という道路が、通常ならば造られるはずであった。発掘調査でもこの道路は見つかったのであるが、それは平城遷都当初のものではなく、奈良時代後半になってから造られたものであることがわかった。このことは、遷都当初は三坪と六坪はひとつの宅地として利用されており、奈良時代後半になってから、別々に利用されるようになったことを示している（図23）。

また、この付近からは多量の瓦が出土していたが、瓦がまとまって出土する範囲は三・四・五・六坪に及んでおり、その文様も共通することがわかった。このように共通の文様の瓦が分布する四つの坪は、少なくとも瓦の葺かれた時期は一体的に利用されていたと考えられる。そして、これらの瓦は、京都府木津川市瀬後谷《せごたに》瓦窯で八世紀前半に生産された

図22　天武天皇系図

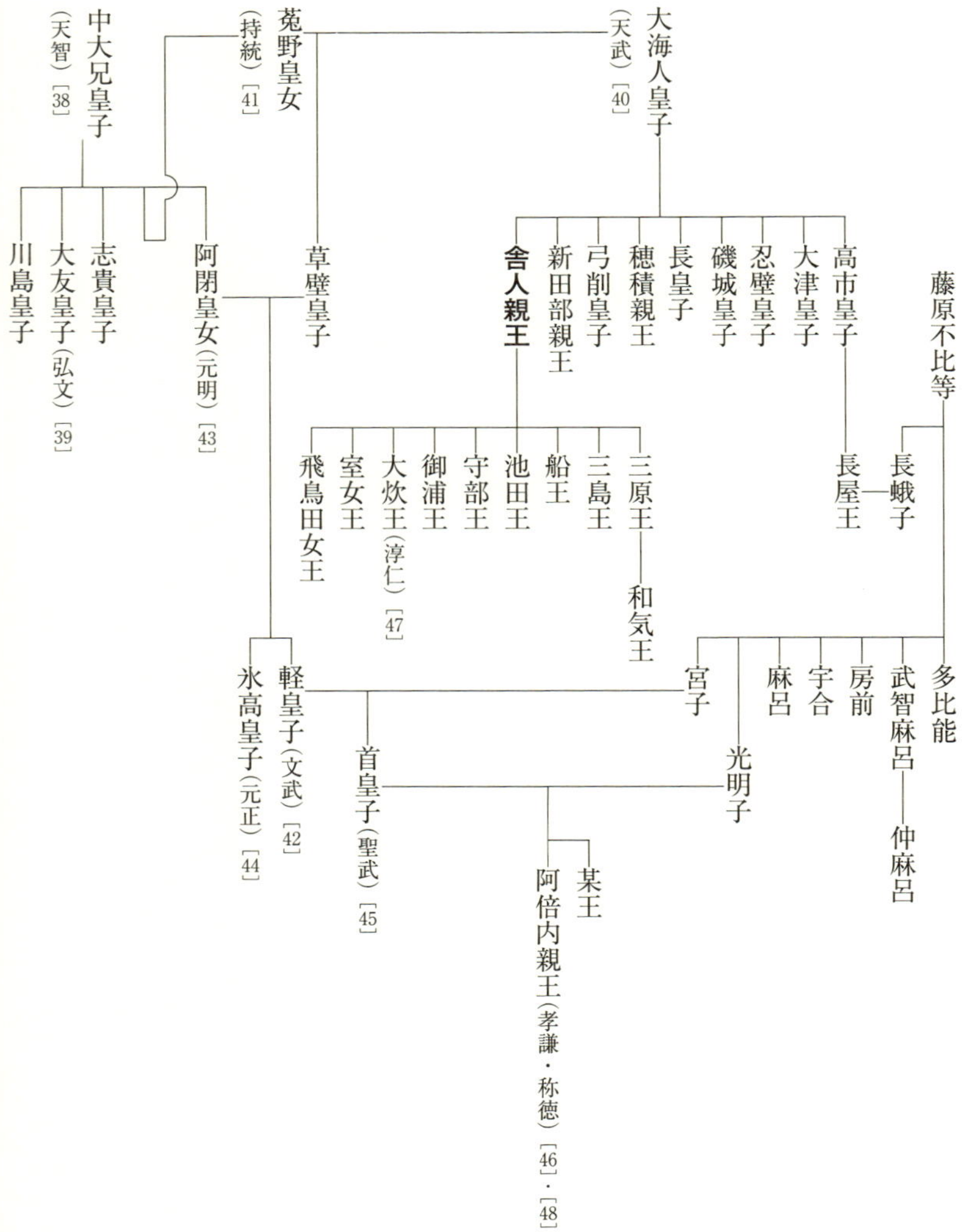
大海人皇子（天武）[40]
菟野皇女（持統）[41]
中大兄皇子（天智）[38]
藤原不比等
高市皇子
大津皇子
忍壁皇子
磯城皇子
長皇子
穂積親王
弓削皇子
新田部親王
舎人親王
草壁皇子
阿閉皇女（元明）[43]
志貴皇子
大友皇子（弘文）[39]
川島皇子
長娥子
長屋王
三原王
三島王
船王
池田王
守部王
御浦王
大炊王（淳仁）[47]
室女王
飛鳥田女王
和気王
多比能
武智麻呂
房前
宇合
麻呂
宮子
光明子
仲麻呂
軽皇子（文武）[42]
氷高皇子（元正）[44]
首皇子（聖武）[45]
某王
阿倍内親王（孝謙・称徳）[46]・[48]

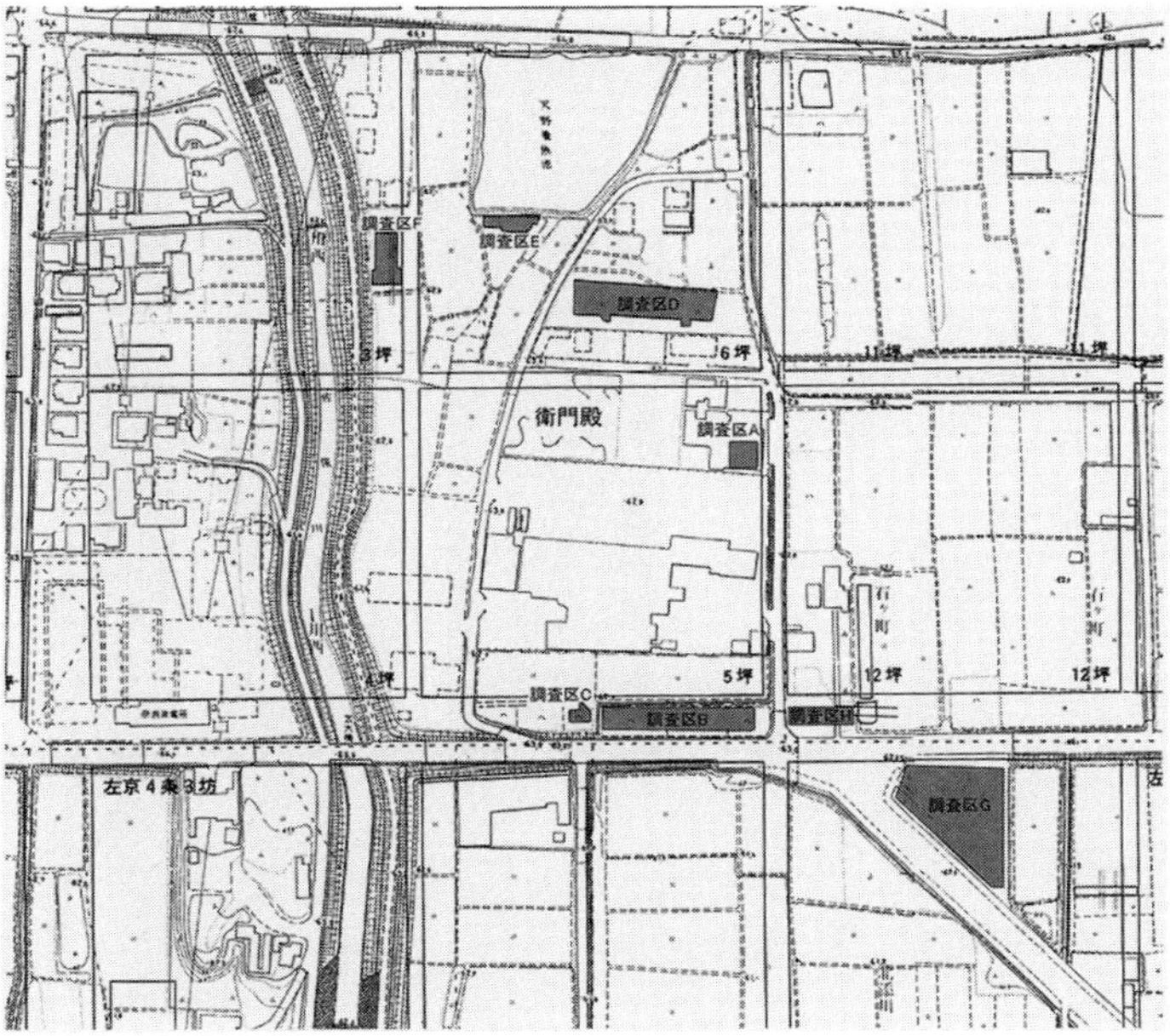

図23　左京三条三坊付近の調査区

ものであることが、瀬後谷瓦窯の発掘調査によりはっきりしたのである。

さらに、この宅地の周辺からは、「藤原家」「左京四条二坊」「田村」の文字が見える木簡が出土している。左京四条二坊とは藤原仲麻呂の田村第があった場所であり、「藤原家」、「田村」はまさに仲麻呂のことを指している（図24）。

そして、こうした事実を積み重ねていくと、以下の推察が成り立つことになる。

①宅地の規模が三ないし四

図24　左京三条三坊周辺から出土した木簡（橿原考古学研究所提供）

町と想定されるということは、この地にあった施設は、長屋王と同様、三位以上の貴族の邸宅か、官衙、寺のいずれかと考えられる。

②ただし、京内の一等地にあたる場所にあった寺院の名が伝わらないとは考えにくく、また、奈良時代後半に宅地を分割していることを考えれば、官衙とも考えにくい。よって、この宅地は三位以上の貴族の邸宅であると考えられる。

③多量に出土した瓦は、瓦葺き建物の存在を示すものであり、瓦の時期は八世紀前半。邸宅に瓦が用いられる契機となったのは、邸宅に瓦を葺くことを認めた神亀元年（七二四）の太政官奏上に求めるのが妥当と考えられるので、邸宅の居住者は、平城遷都当初に三位以上の地位にあり、かつ神亀元年時点でも存命の人物、あるいはその子孫

が同等の地位にいた人物と考えられる。

④これらの条件を満たす人物は、長屋王、新田部親王と舎人親王だけであり、前の二人はいずれも居住地が判明している。よって、舎人親王が居住者のもっとも有力な候補となる。

⑤さらに、藤原氏関係の木簡の出土は、舎人親王の子、大炊王が藤原仲麻呂に擁立され即位したという事実にも合致するもので、奈良時代後半に宅地が分割されているのも、舎人親王の子孫の没落とも符号する。そして、左京三条三坊という場所は、佐保川・東堀河という京内の水運の大動脈にも接しており、それは右京五条二坊（唐招提寺の場所）にあった新田部親王邸の立地条件と同様である。

これらのプロセスを経て、左京三条三坊の居住者を舎人親王と考えたのである。この方法が妥当であると評価いただけるならば、平城京の宅地の居住者が復元できる可能性は、今後、広がっていくことになるだろう。

もちろんここで取りあげた舎人親王邸については、坪どうしを分割する道路が存在しないこと、また、多量に瓦が出土したこと、藤原仲麻呂との関係を伝える木簡が出土したことなど、さまざまな条件が重なったために、比較的単純な方法で居住者名までたどり着けたのであり、こんなに都合のよい話はそうそうあるわけではない。

また、この仮説にある程度の説得力をもたせているのは、舎人親王邸が親王の没後に子孫に相続されたこと、この宅地は官衙ではないというふたつの前提によるところが大きい。次にこの前提が正しいのかについて章を改めて述べることにしよう。

平城京の宅地は相続されたのか

奈良時代の遺産相続

奈良時代の遺産相続法

奈良時代の下級役人が土地や建物を抵当に入れ、借金をしたという月借《げっしゃく》銭解《せんげ》という史料が複数、正倉院《しょうそういん》に伝えられている。また、本章でも説明するが、土地や建物をめぐる相続問題が発生していることを示す史料も複数ある。つまり、少なくとも下級役人にとっては、宅地は個人の財産であり、遺産相続の対象でもあったのである。

そして、先に紹介した『続日本紀《しょくにほんぎ》』天平三年（七三一）の記事に見える、三位以上の人物が亡くなった場合は、大路に面する門を撤去しなければならない、という取り決めがなされていることも、その人物の没後も子孫が引き続き、その邸宅に住むことになっていたことを裏付けるものである。冒頭に紹介した藤原麻呂邸や左京三条二坊六坪の例など、相続されなかったと考えられる事例も見られるものの、これらの史料から、通常は高位の貴族の邸宅も子孫に相続されたと考えられる。また、律令では、相続について定めた規定があり、おそらく平城京の宅地もこの規定に則って、相続がなされたのであろう。

ここでは、律令の遺産相続を規定した条文である「戸令応分条《こりょうおうぶんじょう》」について見ていくことにしたいが、この条文は大宝律令《たいほうりつりょう》と養老《ようろう》律令とは内容が大きく異なっており、奈良時代の中で相続の仕方が大きく改定された可能性もある。そのため、最初に大宝律令と養老律令それぞれの内容を確認し、両者の違いを明らかにしたい。

大宝律令の原文は早くに失われてしまったが、中田薫氏は戸令や喪葬令《そうそうりょう》の規定をもとに、次のように復元した（中田薫「養老戸令応分条の研究」）。大宝律令と養老律令を比較しやすいように、項目ごとにまとめてみよう。

①凡《およ》そ、応《まさ》に分かつべきは宅《たく》及び家人《けにん》・奴婢《ぬひ》、並びに嫡子《ちゃくし》に入れよ。〈其れ奴婢等、嫡子状に随《したが》いて分かつは聴《ゆる》せ〉財物、半分して一分は庶子均分せよ。

②妻家の所得の奴婢は、分する限りに在らず。〈本宗《ほんそう》に還せ〉

③兄弟亡くならば、子、父の分を承けよ。兄弟倶《とも》に亡くならば、すなわち諸子均分せよ。

④寡妻《かさい》、男無からば、夫の分を承けよ。〈若《も》し夫兄弟皆亡くならば、各同一子の分に同じ〉子有り、子無し等は夫の家に在りて志を守るを謂《い》う。

①は、宅と家人・奴婢は嫡子が相続し、そのほかの財産は半分を嫡子が、残りを嫡子以外の男子が均等に分けることが定められている。ただし、嫡子が状況に応じて分割することを認めるとある。

②は、被相続人の妻が所有している奴婢は相続の対象にならないことを述べ、妻が死んだ後は、妻の実家に返せとある。

③は、相続人である兄弟が亡くなっている場合は、その子（男子）が相続することを定めるとともに、兄弟全員が亡くなった場合はその子ら（男子）が均等に分割せよとある。

④は、相続人の妻に関する規定であり、未亡人となりながらも再婚せずに夫の家に留まった場合で、かつ男子がいない場合に限り、本来、夫が相続すべき分について相続できることになっている。もし、夫の兄弟全員が死亡している場合は、その子（男子）らと均分するとされている。

ざっと見た限りでも、嫡子の権利が著しく強いのに対し、女性の権利がほとんど認められていないことがわかる。被相続人の娘はおろか、配偶者までなんの権利も認められておらず、唯一、相続人の妻は夫がすでに死去していること、男の子がいないこと、死別後も婚家に留まっているという三条件を満たす場合にのみ相続が認められている。

それに対し、天平宝字元年（七五七）に施行された養老令の戸令応分条の内容は、大きく異なっている。

①凡そ、応に分かつべきは家人・奴婢。〈氏賤《しせん》は此の限りに在らず〉田・宅・資財〈其れ功田《こうでん》・功封《こうふう》は唯だ男女に入れよ〉摠計して法を作れ。嫡母・継母及び嫡子は二分。〈妾は女子の分に同じ〉庶子一分。（〈　〉は割注、以下同）

②妻家の所得は分かつ限りに在らず。

③兄弟亡くならば、子、父の分を承けよ。〈養子も亦同じ〉兄弟倶に亡くならば、則ち諸子、均分せよ。其れ姑、姉妹室に在らば、各男子の半ばを減ぜよ。〈已《すで》に出嫁すると雖《いえど》も、未だ分財を経ざらば、亦同じ〉

④寡妻妾、男無からば、夫の分を承けよ。〈女の分は上に同じ。若し夫の兄弟皆亡くならば、各一子の分に同じ。男有り、男無し等は、夫の家に在りて志を守る者を謂う〉

⑤若し同財共居するを欲し、及び亡人の在りし日の処分、証拠灼然《しゃくぜん》たらば、此の令を用いず。

大宝令と養老令との違い

①における大きな違いが、相続すべき財産の内容と相続人の範囲である。大宝令では宅と家人・奴婢、そのほかの財産だったものが、ここでは田が加えられている。ただし、家人・奴婢についてはウジ（氏族）が所有するものは、相続対象外とされ、被相続人個人の財産とウジの財産に区分されている。ま

た、特別な功績が認められ個人に対して与えられた功田・功封は、その功績の内容に応じて、永久的に相続が認められる場合と、代を限って認められる場合などがあったが、それは男女子ともに与えることとされている。

そして、財産を総計してルールを作り、被相続人の配偶者と嫡子は庶子の二倍を与え、妾は被相続人の娘と同等の財産（庶子の二分の一）を与えるとしている。

②の規定は大宝令とほとんど内容に変化はないが、養子の場合も子と同様に扱うよう定められている。

③も前段は大宝令と同様であるが、後段に女子の相続について触れられている。相続人の父方の未婚の叔母や姉妹は庶子の半分を相続でき、すでに結婚して家を出ていてもほかに遺産相続を受けていなければ相続できることとされている。

④は大宝令と同じである。

⑤は相続人が同居共財を希望したり、生前贈与を受けたりしている場合はこの規定の適用外となることを述べている。

さすがに話がややこしくなってきたので、具体的な場合を想定してみよう。被相続人には、妻と妾がおり、妻との間には三人の男子とひとりの娘、妾との間には一人の男子をもうけていたとする。妻との間に生まれた嫡子は健在であったが、次男は娘をもうけたが妻を残して死去、妻はそのまま次男の家に留まった。三男は子ができなかったために男子の養子をもらった後に死去、妻は実家へ帰った。娘は結婚し、妾との間の男子は健在としよう（図25）。

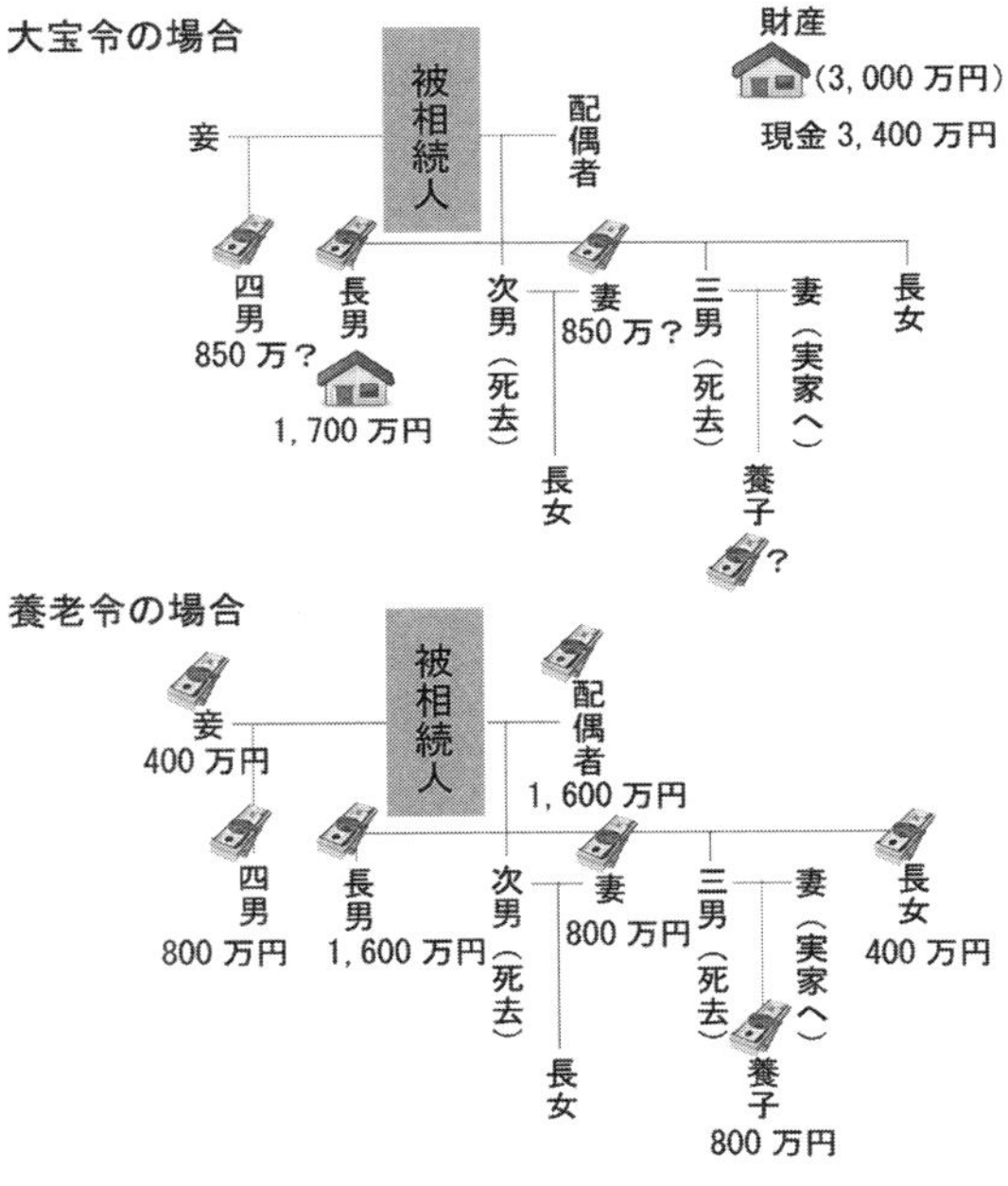

図25　遺産相続の一例

被相続人の財産は、三〇〇〇万円相当の家と、現金三四〇〇万円とする。これを大宝令の規定で相続するとなると、嫡子は家と現金一七〇〇万円を相続し、残った一七〇〇万円を相続できるのは、婚家に留まった次男の嫁と妾の子であり、三男の養子は規定がないため不明ということになる。その他の人々には、嫡子が分割を認めない限り、一銭の財産も渡らないということになる。

それに対し養老令では、まず家と現金を合算し、財産を六四〇〇万円と計算する。分割の比率は、娘と妾を一とすると、庶子は二、嫡子と被相続人の配偶者は四となる。この家族は、被相続人の配偶者と嫡子が健在で、庶子のうち二人は死去しているが、次男の妻は家に留まり、三男には養子がいるので、妾の男子を加え庶子としての取り分二を受け取る人物が三人いる、ということになる。また、妾と娘も庶子の半分の財産を相続できるので、被相続人の財産六四〇〇万円を一六分割し、妾と娘が四〇〇万円、次男の妻と三男の養子、妾の子がそれぞれ八〇〇万円、嫡子と配偶者はそれぞれ一六〇〇万円ということになる。仮に嫡子が家を単独で相続しようとすると、別に一四〇〇万円準備しなければならないということになる。

このような相続の規定が存在したことを視野に入れながら、次に、奈良時代の相続の具体的な事例をいくつか見ていきたい。

遺産相続四題

某姓ム甲の相続

『唐招提寺文書《とうしょうだいじ》』の中に「家屋資財請返解案《かおくしざいうけがえしげあん》」という史料がある。この史料は訴訟状の見本として作られたものと考えられているが、その内容がかなり具体的であるので、実際にあった訴状をもとに作成したと考えられている（橋本義則「「唐招提寺文書」天之巻第一号文書「家屋資財請返解案」について」）。

ここに登場する「ム甲」なる人物の父は、国司を勤めた人物で、相当裕福であったらしい。父には三人の妹がおり、どうやら父は妹らも扶養していたようである。しかし、このことがム甲にとって仇となった。父の三人の妹は、ム甲の父の死後、立ち退くどころか、父の財産を接収してしまったのである。困ったム甲はついに訴訟に及んだ。

そのことを記したのが以下の史料である。虫食いにより読めない部分もあるが、大方意味はわかる。

解　中依父母家并資財奪取請□事

某姓ム甲　左京七条一坊□外従五位下ム甲

合家肆区　一区无物　□在左京七一坊

壱区板倉参宇二宇稲積満 一宇雑物積 檜皮葺板敷屋一□ 板屋一宇物在　並父所□□

草葺厨屋一宇 板屋三宇　並在雑物□□

在右京七条三坊　壱区板 板屋二宇□□ 草葺□□家 草葺□〔板カ〕敷東屋一宇

在右京七条三坊　壱区草葺板倉 板屋一□〔宇カ〕□　□所□□

草葺屋一宇 板屋三宇　並空　釜一□瓱三□ 馬船二隻　□□□〔在大和〕国□□

上件弐家父母共相成家者

以前ム甲可親父ム国守補任弖退下支然間依去宝字□

死去然尓父可妹三人同心弖処々尓□

奪取此乎ム甲哭患良久□□〔父カ〕我□□〔礼喪カ〕□

間不久在利然毛ム甲可弟□□ム甲□〔尹カ〕父尓従弖□［　　］
彼可参上来奈牟時尓ム甲可不［　　］［　　］牟□〔止カ〕［　　］
即職乃符波久汝可申事□〔諸カ〕［　　］［　　］
遣弖所々家屋倉幷雑物等乎［　　］
期限波不待弖更職乃使条令［　　］
倉稲下幷屋物等乎毛□［　　］

まずム甲であるが、このときの官位は外従五位下《げじゅうごいのげ》。れっきとした官人で、左京七条一坊に本籍を置いていた。父の財産はかなりの量に及ぶ。まず宅地だけでも四ヵ所を有しており、左京七条一坊（宅地A）のほか、右京七条三坊にも二区画（宅地B・C）の宅地をもっていた。さらに、大和国内にもう一カ所宅地（宅地D）があり、それは所領の管理のための施設と考えられる（表6）。

平城京内の三つの宅地のうち、その中心となるのは右京七条三坊の宅地Bであり、そこには檜皮葺《ひわだぶき》の中心的な建物のほかに、草葺きの厨《くりや》、板葺の建物四棟に加え、稲を満載した倉二棟、雑物を入れた倉一棟があった。宅地Cには、板屋二棟、草葺の東屋《あずまや》一棟があったようであるが、ム甲が本籍としている宅地Aには「无物」とある。「无」とは「無」の

表6　ム甲相続財産

	所在地	建物	資財
宅地A	左京七条一坊	なし	
宅地B	右京七条三坊	檜皮葺板敷屋 板屋 板屋 板屋 板屋 草葺厨屋 板倉 板倉 板倉	 物 雑物 雑物 雑物 雑物 稲 稲 雑物
宅地C	右京七条三坊	草葺板敷東屋 板屋 板屋 板倉	 ?
宅地D	大和国	草葺屋 板屋 板屋 板屋 板屋 草葺板倉	 なし なし なし 釜一口・甈三口・馬船二隻

こと、つまりこの土地は建物のない更地の状態であった。

また、文書の中段には「上件弐家父母共相成家者」と見える。これは、宅地C・Dはム甲の両親が結婚後に手に入れたものであることを主張したものである。ム甲は父母の財産取得の経緯まで示して「戸令応分条」違反を訴えたのであった。

残念ながら、この訴訟の結果は伝わっていない。裁判の行方が気になるところであるが、ここでこの史料からわかるもうひとつの興味深い点を指摘しておこう。それは「上件弐家父母共相成家者」は、どのような手段によったかという点である。

通常、宅地の取得には、遷都時に与えられたものと、その後に購入したものとがあったと考えられる。国司まで昇った父をもつム甲のことだから、四つの宅地のうちひとつは、遷都時にム甲の祖父か曽祖父が班給された宅地と考えられる。そして、その土地とは嫡子であるム甲の本籍地である宅地Aと考えられる。その後、ム甲の祖父か父の代に宅地Bをなんらかの手段で入手し、結婚後宅地C・Dを入手したということになる。また、宅地B・Cは同じ坪内にあり、建物の数や財産の量から見て宅地Bがム甲家の中心的な家で、本籍地である宅地Aは更地であるので、ある時期に宅地Aの建物を宅地Bに移したと考えられる。

これらのことから想像をふくらませれば、ム甲の母とは、宅地Cを所有していた人物の子であり、家長の死去に伴い宅地Cの所有者となった。つまり、ム甲の母には財産を相続できるほかの血縁者がおらず、そのため、家の財産を単独で相続したか、兄弟はいたがすでにほかに宅地を持っていたので、ム甲の母が宅地を相続したかのいずれかであったと考えられる。それぞれ宅地をもつふたりの結婚によりこの夫婦は三つの宅地を有することになったと考えられる。

ム甲の父は結婚後、妻の土地にも近く、すでに取得していた宅地Bに本拠を移した。ただし、京職《きょうしき》にはその移転を届け出ていなかったため、ム甲の本籍は宅地Aのままだった。また、ム甲の父は国司として勤めたことによって得た収入をもとに、宅地Dを買得し経済基盤を確たるものとした。多分に大胆な想定であるが、このように考えれば、四つの宅地のそれぞれの取得の経緯も理解しやすい。

ム甲の訴訟からわかること

ム甲は長男であり弟がひとり。仮に財産を奪った三人の叔母がいずれも未婚であったとしても、養老戸令応分条の規定では受け取れる財産は、ム甲の四分の一ずつでム甲の母方の財産についてはそもそも相続権を有しない。それにもかかわらず、叔母たちが財産を横領したというのだから、ム甲の訴えは正当である。

その正当性はともかくとして、戸令応分条の規定ではム甲は父の財産である土地、建物、そのほかの財物を相続することが正式に認められる立場であったと言える。一方で、ム甲の居住地は建物がない宅地Aであり、到底そこに住んでいたとは考えられない。叔母との関係はさておき、実際にはム甲は宅地BかCに住んでいたか、あるいは個人で別の宅地をもっていたかのいずれかと考えられる。

律令国家は国民を戸籍に登録するとともに、毎年六月に戸主に戸口の氏名・年齢・性別を申告させていた。京内では、そのとりまとめを京職が行っており、それに基づき課税していたが、ム甲の場合、旧住所で訴状をあげているところを見ると、計帳《けいちょう》への登録も旧住所のままになっていたと考えられる。このことは、京職が京内の住民の住所を正確には把握していなかったことを示すのかも知れない。

計帳は調《ちょう》・庸《よう》といったいわば人頭税の課税台帳として利用されるということを考えれば、納税者ひとりひとりの正確な住所までも把握しなくてもこと足りたともいえるが、このことは、史料に見える宅地と居住者を考えるうえで注意しなければならない。現在比定されている居住者の中で、遷都後二三年を経て作成された、天平五年（七三三）の「右京計帳」から判明している居住者は一五名。これらがム甲と同様、本籍地の住所であるならば、ここに見える住所は、遷都時にそれぞれの家に与えられた宅地そのものを示している可能性があるからである。

また、「家屋資財請返解案」に、こと細かに相続財産の内容や取得の経緯まで記されているところを見ると、土地売買についても京職は把握していなかった可能性もあり、京内の個人による宅地の売買は、面倒な手続きもなく、かなり自由に行うことができた可能性がある。

ところで、いくら「戸令応分条」の規定があるにせよ、ム甲の母のように役人の町である平城京において無位の女子が宅地を相続することができたのであろうか。このことを示すのが、平安時代に薬師寺の僧景戒《けいかい》により書かれた『日本国現報善悪霊異記《にほんこくげんぽうぜんあくりょういき》』（日本霊異記）にある「孤《みなしご》の嬢女《おうち》の、観音の銅像を憑《たよ》り敬ひしときに、奇《めずら》しき表《しるし》を示して、現報を得し縁」という説話である。話の内容は、次のとおりである。

裕福な暮らしが一転

平城京の右京にあった植槻寺《うえつきでら》（九条三坊付近）の近くに、両親を失った独身の娘がひとり住んでいた。父母が生きていた頃は裕福で、たくさんの家や倉を建て、また家から離れた場所に仏堂を造った。しかし、両親が死ぬと、奴婢は逃げ去り牛馬は死に、財産はことごとくなくなった。娘は、何もない家にひとり、日々泣き暮らしていた。

そこへ、同じ里の豊かな人が娘に結婚を申し入れた。娘は貧しさを理由に何度か断ったが、家まで訪ねてきて熱心に口説く男にほだされ、ついに男と夫婦となった。その日は雨が強く降っていた。

雨はなかなか降り止まず、男は娘の家に滞在することになった。雨は三日間降り続き、結局、男はそのまま娘の家に滞在し続けた。娘に食事を求める男。しかし、家には食べ物のひとつもない。惨めな思いを抱え娘は仏堂に向かい、すぐに財産を施してくれるよう祈った。娘の祈りは観世音菩薩に届き、隣の金持ちの乳母の姿をかりた観世音菩薩が、娘に豪華な食事を届けた。その後、娘は以前のように再び裕福になり、もはや飢えることもなくなった、という話である。

この話からわかることは、財産相続にあたっては、相続人の地位は無関係であったということ、ほかに相続人がいなければ、財産の規模にかかわらず、無位の女子が単独で相続することも可能であったということである。また、仏教説話という性格から、どこまでが当時の実態を伝えているのかは不明であるが、父母がもっていた財産が、その死とともに一気になくなってしまい、娘の財産である奴婢は逃亡、牛馬は死に、そして家と仏堂だけが残る、という事態になっていることも注意される。

現在であれば、こうした財産をひとまず現金化し、生活の糧にするという方法がとられるだろうが、それができていないということは、当時の財産処分の難しさを物語るものとも言える。そして、もうひとつ注目されるのは、娘は結婚し財産は復活するとあるが、話の最後まで夫との共有財産ではなく、娘の個人財産のように表記されている点である。このことは、結婚が夫婦の財産の共有につながるものではなく、夫の財産と妻の財産は、結婚後も夫個人、妻個人の財産として扱われていたことを示す。

もうひとつ『日本霊異記』の話を紹介しよう。次は「慇懃《ねもころ》に観音に帰信し、福分を願ひて、以て現に大福徳を得し縁」という、無位無官の男が妻と莫大な財産を手に入れるという話である。

玉の輿に乗った男

御手代《みてしろの》東人《あずまびと》は吉野山で修行し、幸福を得たいと願った。三年後のある日、三位粟田《あわた》朝臣真人《まひと》の娘の病気を祈禱により治癒させる。東人はその娘と通じ、それを怒った親族により監禁されてしまうが、娘の強い愛情にほだされ、東人は監禁を解かれただけでなく、全財産を与えられ、さらに粟田一族の奔走で五位の地位まで得ることになる。

その後、娘は再び病に倒れる。娘は死の床で兄に対して、自分の死後は東人と兄の娘を結婚させ、家を取り仕切らせて欲しいと頼む。兄はその願いを聞き入れ、自分の娘を嫁がせるとともに財産を管理させることになる。御手代東人はみごとに玉の輿？に乗ったのである。

なんとも、都合のよい話ではあるが、ここにも奈良時代の相続を考えるうえで重要な話がいくつかある。粟田氏は春日氏の流れを汲む名門氏族であり、真人は唐への留学経験をもち、大宝令の編纂にも参画するなど、粟田氏に全盛期をもたらした人物である（養老三年〈七一九〉正三位で薨去）。

こうした人物の娘の結婚に対し、両親のみならず一族がこぞって反対するということは、

「こんな男に娘はやれん」というだけでなく、「こんな男を一族に加えるわけにはいかん」という、粟田一族としての意志が見える。それもそのはず、当時は一族としての結束力がきわめて強い時代だったのである。

古代の豪族は、もともと血縁や地縁などにより同族関係を結び、○○一族といった集団で天皇に奉仕していたのである。粟田真人は粟田一族の代表者であり氏上《うじがみ》の地位にあった。だからこそ、一族は氏上の家に得体の知れない人物が入り込むことを拒否したのである。

娘との結婚により、男になぜ、財産まで与えたのかはよくわからないが、位階という社会的な地位も手に入れられるよう取り計らったことは、一族にふさわしい体面を整えるということだけではなく、一族の中からできるだけ多くの役人を登用してもらい、ウジを盛り立てようとする意図も感じられる。一方、真人の娘は、自らの死の直前に、兄の娘と東人の結婚及び東人による財産管理を求めている。なぜ、このような願いを兄に伝えたのか。そのことは、大宝令の規定を思い起こせば理解しやすい。

大宝令の規定では、父の遺産の多くは嫡子が相続することになる。また、娘は相続権を有しておらず、養老令でも娘の夫は妻の実家の相続に関与できないことになっている。つまり、真人の娘の死後、東人が粟田一族に留まろうとするならば、粟田氏の誰かと婚姻関係を結ぶか、養子になるしかない。また、娘の兄は大宝戸令応分条の規定により、父真人の財産の多くを相続するだけではなく、状況に応じて財産を分割する権利が認められている。

そういった諸事情があり、娘は自らの死後の夫の身を兄に託したのであり、兄はそれを受け入れ、嫡子の権利をもって、東人の財産管理を認めたのである。現在の相続においては、被相続人の遺言が重視されるが、奈良時代前半では嫡子の意思も同様に重視されたのであり、それによってさまざまな相続の形態があったと考えられる。

ただし、ウジの結束が強い場合は、たとえ嫡子や氏上であったとしても、そうそう思うとおりにはならなかったとも考えられる。東人がはじめに監禁されたように、奈良時代にも、うるさ型の叔父、叔母は存在したのだろう。

佐伯院の話

東大寺や西大寺の造営に力を発揮し、佐伯《さえき》一族の中でも異例の出世を遂げた人物に佐伯今毛人《いまえみし》という人がいる。佐伯一族は大伴氏とともに軍事を司る氏族として、活躍してきたが、奈良時代にはさほどの人物を輩出しておらず、ウジとしての勢いも陰りが見えてきていたが、今毛人は東大寺造営の功績を聖武《しょうむ》天皇から高く評価され、天平勝宝元年（七四九）には正七位下から、異例の七階級特進により従五位下となり、その後、藤原仲麻呂暗殺の謀議に加わった疑いで一時解官《げかん》されるが、延暦八年（七八九）に正三位で職を辞すまで、順調に昇進した。

その今毛人は兄麻毛利《まもる》とともに、宝亀七年（七七六）に左京五条六坊の土地を東大寺と大安寺《だいあんじ》から購入し、父母や先祖の霊に感謝の気持ちを込めて佐伯院《さえきいん》という氏寺を建てた。話はここからはじまる。

京都市山科《やましな》区にある随心院《ずいしんいん》に伝わる『随心院文書』の中に、延喜五年（九〇五）七月十一日付「佐伯院附属状」という文書がある。それによると、佐伯院を任せられたのは麻毛利の娘氏子《うじこ》である。麻毛利にほかの子があったかは知られていないが、今毛人には金山《かなやま》という子がいた。金山の事績は伝わらないが、「佐伯院附属状」には今毛人曽孫として正七位上高相《たかすけ》、正八位上秋経《あきつね》の名が見えるので、金山は今毛人の血を子孫に伝えたことがわかる。

佐伯一族は長岡遷都に伴い平城の地を去ったと考えられ、氏子はひとり佐伯院を守ることになったのだろう。しかし、寺を維持するには相応の費用がかかる。しかも佐伯院の寺地は五町、坪に換算すると一万八六二〇坪に及ぶ広大なものであり、かつ五間檜皮葺の立派な堂舎があった。信心深い佐伯兄弟のことだから、寺を維持するためになんらかの経済的な措置はとっていたと思われるが、それでも無位でさしたる収入のあてもない氏子には、それを維持することは重荷であった。たちまち寺は荒廃し、氏子は佐伯院を大臣藤原冬嗣《ふじわらのふゆつぐ》に売却してしまった。

佐伯院の土地購入のために佐伯兄弟が支払った額は三五〇貫文と考えられている。一貫文は一〇〇〇文。兄弟が佐伯院の土地を購入する数年前の天平宝字八年（七六二）の物価は、米一升が七文。現在の米の相対取引価格（出荷時）は一キロあたり約二七五円、一升だと四一二・五円であり、当時の一升は七七六ミリで、現在の四割程度。そうすると一文は約一三七円、よって土地購入価格はおよそ四七九〇万円ということになる。当時は物価変動が激しい時代であったので、この価格はあくまでも参考にすぎないが、氏子は佐伯院を手放すことにより、十分な生活費を得たのである。

冬嗣の薨去後、佐伯院はその子良房《よしふさ》が相続するが、今毛人の孫らが、佐伯氏の出身で弘法大師の弟であり、藤原良房の信頼も篤かった真雅《しんが》僧正に仲介を頼み、良房に佐伯院を返還してくれるように依頼をする。藤原良房はその申し出を承諾し、件の土地を佐伯氏に無償返還し、それを受けて佐伯の氏人らは、氏寺を再興した。

ここまでの話では、氏子は佐伯氏の氏寺を個人の財産であるとして売却するのであるが、のちに佐伯一族はウジの共同財産であるという旨を主張し、買い手の息子でありその時の所有者、藤原良房につてを頼って返還を申し出たということなる。このとき良房は、本来ならば、冬嗣が購入したときの金額を返却すべきと告げたが、事情をくみ取り、また信頼する真雅僧正の頼みであるので、特別な計らいをもって無償で返したのである。

佐伯院建立の由来からして、その権利は麻毛利の子だけでなく、共同で寺を建てた今毛人の子孫にもあるというのは、ある意味当然の主張であり、氏寺という性格からは、そのほかの佐伯一族が申し出る理由もよくわかる。しかし、氏子が単独で売却に踏み切ってしまったのは、個人財産とウジの共有財産との境が曖昧であり、何はともあれ実際に住んでいた者の権利は強かったということであろう。

佐伯院のその後

ここで話が終われば、佐伯一族にとってもよかったのであるが、昌《しょう》泰《たい》三年（八九九）に事態は一変する。東大寺別当道義律師《どうぎりつし》が、佐伯院の土地がもともと東大寺の寺領であったことを主張し、返還の訴訟を起こして勝訴する。そして、佐伯院のことごとくを今の東大寺東南院に移してしまう。佐伯一族は泣く泣くそれに従い、「佐伯院附属状」を東大寺に提出し、土地と建物・仏像などを東大寺東南院の初代院主の聖宝《しょうぼう》と、真雅と聖宝の弟子である観賢《かんげん》の両僧に託し、経営供養を委託した。

なぜ、東大寺がすでに売却した土地であるのに、その返還要求が認められたのか。現在の感覚では理解しがたいが、当時の土地とはそういった側面をもっていたのである。東大寺は聖武天皇の勅願により造られた鎮護国家の寺であり、その財産は国が仏に寄進したものである。であるからこそ、仮に土地を手放したとしても、土地の由来をさかのぼれば東大寺になんらかの権利がある、と主張することは可能であったのである。端的にいえば、東大寺が佐伯氏に対し、佐伯兄弟が支払った額を支払えば、いつでも東大寺が買い戻すことができたということになる。そのことは、良房が佐伯氏に、本来ならば、冬嗣が購入したときの金額を返却すべきである、と述べたことからも裏付けられる。

現在の不動産取引は、その時々の不動産価格に基づいてなされるが、良房の申し出はあくまでも、冬嗣が買ったときの金額での買い戻しを求めているのであり、その間の不動産価格の変動は考慮されていない。いわば、金銭と土地との交換であり、旧主との取引であれば、売買した時と全く同様の条件で交換ができる仕組みであったことがわかるのである。このように当時の土地には、もともとの持ち主の権利が強く残っていたということになる。

では、東大寺が再び土地を手に入れようとするならば、本来なら佐伯兄弟から受け取った金額を佐伯氏に支払う必要があったのではないか、という疑問が生じるが、これも次のように考えれば説明がつく。つまり、佐伯氏子が藤原冬嗣に土地を売却した時点で、東大寺と佐伯氏との関係は消滅し、新たな所有者である藤原氏に東大寺が売却時の代金を支払えば、土地を返還させることができる、という関係が生じた。しかし、藤原氏は佐伯氏に無償譲渡した時点で、土地の返還に伴い金銭を受け取る権利を放棄したと見なされた。

このことは、東大寺からすれば交換相手が権利放棄したのだから、土地は自分たちの手に戻ってくるはずということとなり、その主張が認められたのである。ただし、土地はそうであったとしても、建物は佐伯氏が建てたものであり、佐伯氏の財産であるということは明白である。東大寺が建物を東南院に移したのは、これを強奪したのではなく、土地の接収にあたり支障となる建物を一時的にほかの場所で保管したと理解できる。建物を移すことができる土地を準備できない佐伯氏は、東大寺にウジの財産の経営と供養を委託するために「佐伯院附属状」を提出したのである。

このように佐伯院をめぐる一連のできごとは、当時の遺産相続のあり方や、私の財産とウジの財産という財産の二面性と、居住者の権利の強さ、そして、佐伯氏にとっては酷ではあるが、現代とは異なる当時の土地の売買のルールについても示してくれる、格好の史料なのである。

父母から子へ相続された宅地

これらの事例が示すように、平城京の宅地は、個人の財産として扱われていたことは間違いない。そして相続に関しても「戸令応分令」の規定が適用されていたことがわかる。遺産相続に関する考え方は、基本的には今と大きく変わるものではない。ただし、夫の財産と妻の財産は、基本的に別の財産として扱われ、その子が相続することにより、はじめてひとつの財産として扱われるようになること、被相続人の遺言とともに、嫡子の考えが強く働く仕組みになっていること、女性への配分率が低いことが違いとしてあげられるが、もっとも大きな違いは、財産の中には個人の財産とウジの財産の二者があることである。個人財産は処分できるが、ウジの財産はたとえその管理者であっても、本来は勝手に処分できないものであった。

また、財産処分は楽ではなく、財産を現金化するためには有力者への売却という方法しかなかった。そのため、しかるべき有力者が見つからない場合は、見る見るうちに財産は目減りし、一気に貧困に突き落とされてしまうこともあった。

自由な土地売買ともとの持ち主にも残る権利

平城京の宅地は一般的には自由に売買することができた。個人による売買は頻繁に行われていたようであり、京職も持ち主の変更を十分に把握できなかったほどであったと考えられる。平城京遷都時に与えられた土地は、その時から純然たる個人財産として扱われ、国家が個人財産に対して公権力を発動することは、ほとんどなかったと考えられる。

平城遷都後、藤原仲麻呂の乱後の論功行賞までの間に、五位以上の位を与えられた人物は、八〇〇人を超えることが『続日本紀』からわかる。これらの人物の多くは、名門氏族の出身であり、遷都時に先祖が相応の宅地を与えられていたと考えられるが、中には遷都時よりも勢力を失った一族もいれば、遷都後に新たに勃興した一族、そして藤原氏のように大きく勢力を拡大した一族もいた。たとえば藤原氏は、遷都時に宅地を与えられる対象となったのは不比等《ふひと》・武智麻呂《むちまろ》・房前《ふささき》の三名のみであるが、天平宝字七年（七六三）には一〇名が参議以上の地位にあった藤原氏の宅地を、遷都時の三つで説明することはできない。また、一代で相当の地位に登り詰めた吉備真備《きびのまきび》も、遷都時に大規模な宅地を有していたとは考えにくい。そうしたことから、高位の貴族は相続だけでなく、自らの地位にふさわしい土地を購入していたと考えられる。

一方、先に見たように当時の財産の多くは、目減りしやすいという性質のものであった。そのため、基礎財産となる耕地や所領が少ない氏族は、常に高い位階をもつ人物を輩出し、その位階や職掌に応じて与えられる位田《いでん》や職田《しきでん》を確保し続けられない限り、たちまち困窮し宅地を手放さざるを得なかったと考えられる。多分に憶測になるが、そうした一族も存在するからこそ、京内の宅地の需要と供給のバランスが保たれていたのではないだろうか。

また、現在と奈良時代との大きな違いは、土地の取扱いである。今なら、自分の土地は自由に売買できるが、奈良時代はもとの所有者の申し出により、売ったときと同じ金額を返してもらうことにより、土地を返さなければならなかった。つまり、当時の土地取引とは、純然たる売買ではなく、現在で言う借地に近いものであったと考えられる。

一方、建物は不動産ではなく、動産として考えられていたようである。自分で建てた家だから、自由に扱えるのは当然であるが、建物が動産であるからこそ、土地という不動産と異なった扱いをすることが可能であったのであり、極端な話、建物をもってこの場所から立ち去れということも可能だったということになる。

藤原氏の邸宅

奈良時代の宅地は子孫に相続され、売買も自由だった。遷都後、力をもった者は自力で身分にふさわしい宅地を手に入れ、そこに邸宅を構えた。このことを具体的に確認するために、この章の最後に藤原氏の邸宅について見ていきたい。

律令官僚制の本質

いまさらながらの話になるが、律令制とは、すべての土地と人民は天皇のものであるという「王《おう》土《ど》王民《おうみん》」の理念を実現させるために、律令という法を整備し、それに基づき支配を行う体制である。律令では役人の位階や職掌をこと細かく定めており、そうした律令制官僚機構こそが、土地・人民を支配するための強力な支配装置としての役割を果たしていた。

こうした律令官僚制は、たてまえ上は個人の能力に応じて属人的に与えられる身分であったが、現実的には畿内の有力氏族の子に対しては、蔭位《おんい》制によりほかの氏族よりも出世に有利な条件が与えられるなど、有力氏族は上級官人を再生産できる仕組みになっていた。しかし蔭位は、祖父と父の身分によりその子を引きあげるという制度であるため、その恩恵にあずかれるのは子と孫のみであり、血統の断絶や祖父や父が十分に出世する前に死亡した場合などは、その子は一から出世の階段を上らなければならないことになる。

また、このような直系の子孫のみが恩恵を受けるという制度は、もともとウジという集団で天皇に奉仕していた古来の氏族を、直系によるイエの単位に細分化させることにもつながった。天皇への奉仕も集団から個人単位になったため、一族の誰かが出世することにより、氏族全体がなんらかの恩恵を受ける、という以前の社会とは大いに異なるものであった。もちろん、現実には伝統的なウジのパワーバランスを保つために、位階や職掌を与えるさいには、一定の配慮がなされていたことが、奈良時代の太政官の構成員の名前を見ていくとわかる。

そうした点では、完全にイエの時代になったとは言えないのであるが、少なくとも、後の時代に栄華を極める一族と没落へと向かう一族との差は、奈良時代のうちに認められるようになる。

こうした律令官僚制の本質をいち早く見抜き、それに対応したのは藤原不比等である。不比等は文武二年（六九八）に藤原姓を与えられ、もともとの出身氏族である中臣氏から分離した。そして、四人の子も四つのイエに分かれ、それぞれ官僚として別々の道を歩むようになる。つまりいち早くウジの世界から、官僚制に適したイエの世界へ向けて歩み出したのである。

しかし藤原氏といえども、ウジの関係を捨て去ったわけではない。不比等の四人の子は、いずれも有力氏族の娘を妻に娶ったが、不比等の孫らは、藤原一族で婚姻関係を重ねることにより、一族の結束を固めている。それは四子が相次いで天然痘《てんねんとう》に倒れたため、藤原一族の勢いがにわかに衰えたことと関係していると考えられる。ある時はイエの単位で、そしてある時はウジとして結集することによって、藤原氏は奈良時代という浮き沈みの激しい時代を乗り越えたのである（図26）。

不比等の邸宅

藤原不比等の邸宅は、法華寺と同じ場所にあったことはよく知られている（図27）。これは『続日本紀』天平神護二年（七六六）十月二十日条に見える称徳天皇の言葉からもわかり、事実、寺の下層からは大型掘立柱建物が見つかっている。そのため、これまでは、不比等の邸宅を娘光明子《こうみょうし》が引き継ぎ、それを天平十七年に宮寺としたと考えられてきた。つまり、不比等から光明子へ伝領され、光明皇后となっ

図26　藤原氏系図

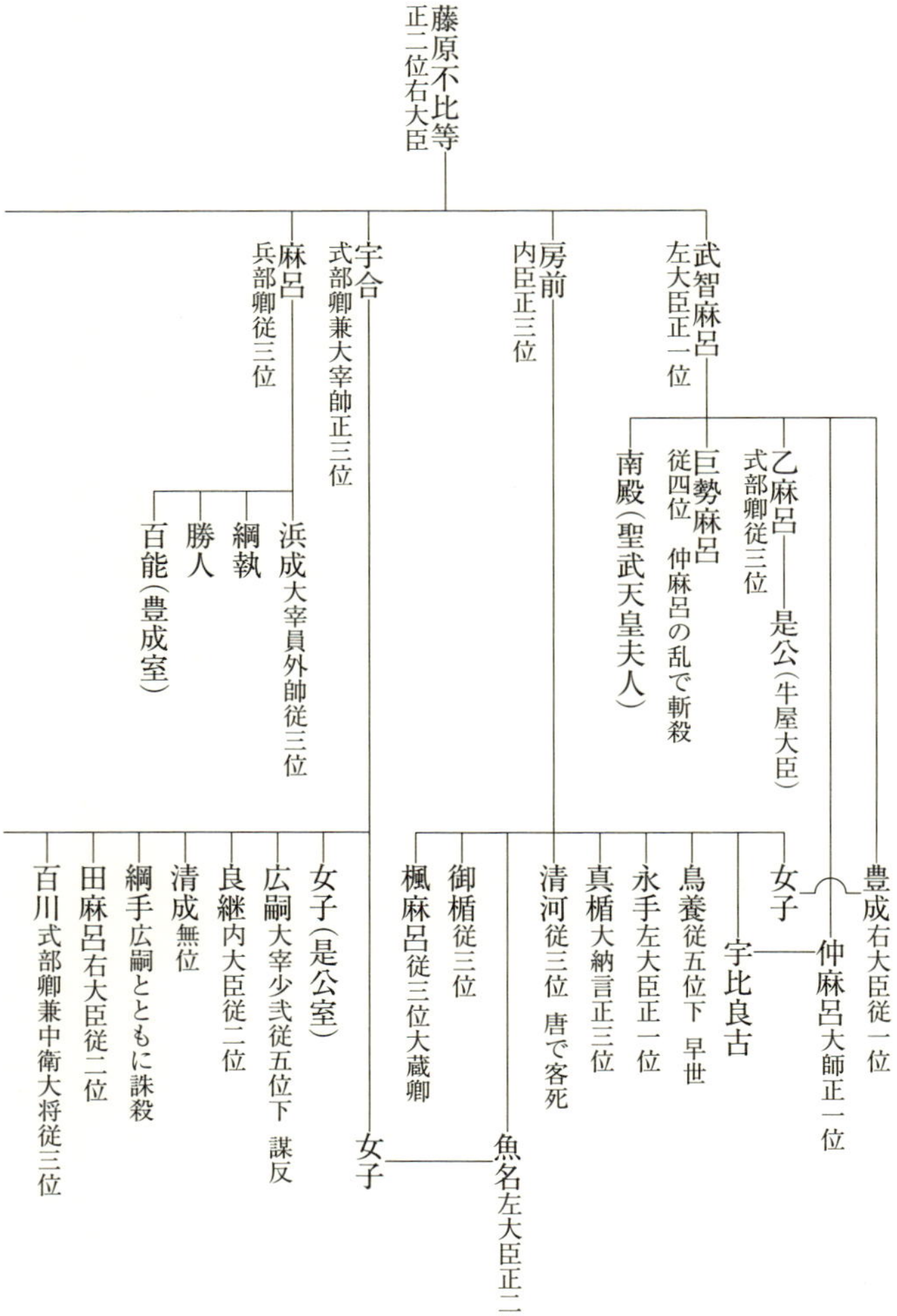
藤原不比等 正二位右大臣
武智麻呂 左大臣正一位
房前 内臣正三位
宇合 式部卿兼大宰帥正三位
麻呂 兵部卿従三位
豊成 右大臣従一位
仲麻呂 大師正一位
乙麻呂 式部卿従三位
是公（牛屋大臣）
巨勢麻呂 従四位　仲麻呂の乱で斬殺
南殿（聖武天皇夫人）
浜成 大宰員外帥従三位
綱執
勝人
百能（豊成室）
女子
宇比良古
鳥養 従五位下　早世
永手 左大臣正一位
真楯 大納言正三位
清河 従三位　唐で客死
魚名 左大臣正二位
御楯 従三位
楓麻呂 従三位大蔵卿
女子
女子（是公室）
広嗣 大宰少弐従五位下　謀反
良継 内大臣従二位
清成 無位
綱手 広嗣とともに誅殺
田麻呂 右大臣従二位
百川 式部卿兼中衛大将従三位

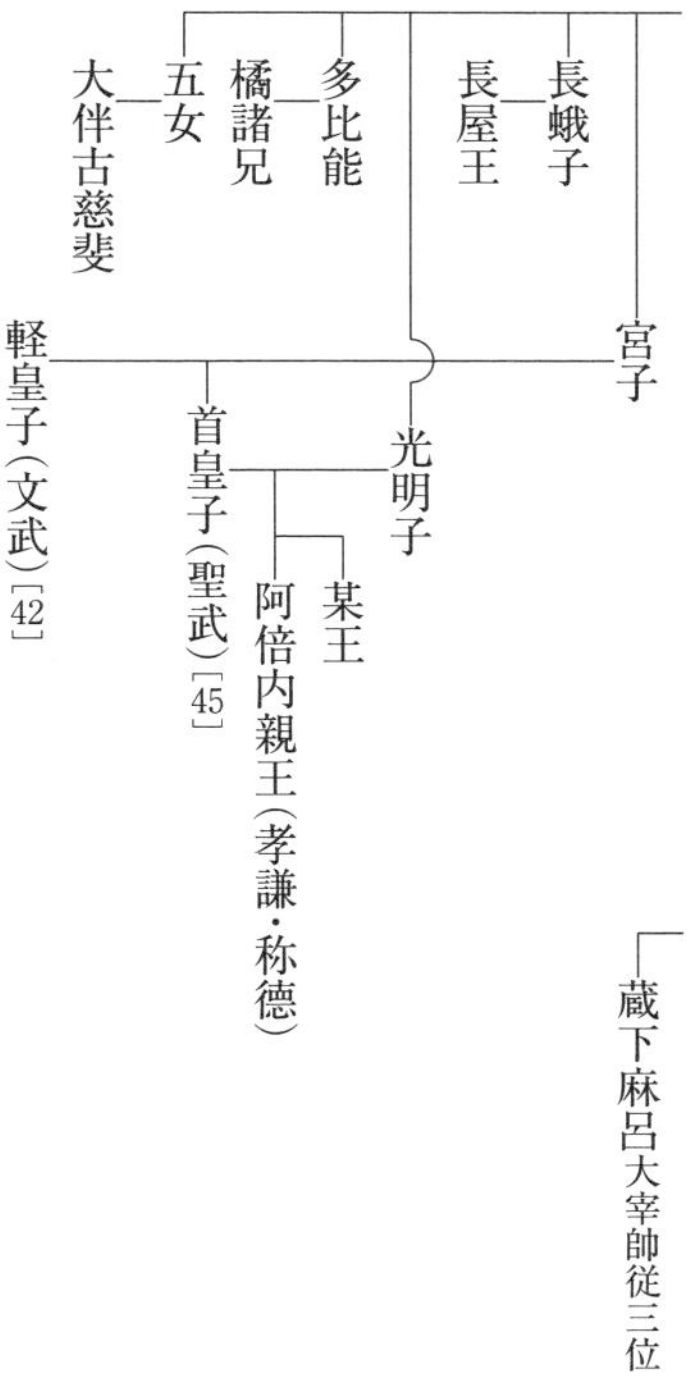

た時に皇后宮になったという考え方である。

しかし、そう単純な話ではないことは、本書の冒頭で述べたとおりである。皇后宮は長屋王事件の後、旧長屋王邸の場所に営まれたことがわかったのである。皇后宮がふたつあったのか、それとも不比等没後、旧不比等邸には一時期、他の誰かが住んだのか。このことを明確にすることは難しい。

この点について、不比等の遺産という点からアプローチしてみたいと思う。不比等は慶雲四年（七〇七）四月に二〇〇〇戸を賜り、その半分を子孫に伝えることが許されたとあ

図27　法　華　寺

る。この財産はどうやら、不比等の長男武智麻呂に引き継がれ、さらにその長男豊成《とよなり》に伝えられたと考えられる。『続日本紀』天平十三年（七四一）正月には、その前年に起こった藤原広嗣《ふじわらのひろつぐ》の乱の償いに、藤原大臣家伝来の財産を返上すると申し出たという記事がある。

申し出を行った人物の名は見えないが、不比等以来、この時まで藤原一族の中では太政大臣が贈られた者はいないので、これが不比等の遺産のことであることは確かである。この申し出に対し下された結論は、五〇〇〇戸のうち三〇〇〇戸は国分寺造営に充てること、二〇〇〇戸は藤原氏に返すとある。先の記事だと、不比等の遺産は一〇〇〇〇戸のはずであり、それが五〇〇〇戸に増えているのは不審であるが、二〇〇〇戸はそのまま藤原氏の「ウジの財産」として残された。

そして、不比等の財産は、藤原仲麻呂の乱の後の天平神護元年（七六五）四月に、仲麻呂の兄豊成が乱の謝罪のために再び返納を申し出、それが許されている。豊成は武智麻呂の嫡子、武智麻呂は不比等の嫡子であるので、不比等の遺産は嫡子が代々管理していたということがわかる。さらに大宝戸令応分条の規定では、嫡子武智麻呂が宅を相続することになっているのだから、規定どおりだとすると武智麻呂が不比等邸を相続することになる。もちろん、嫡子の権限で妹に与えることはできるが、このとき、すでに藤原氏を離れていた光明子に邸宅を与えるとは考えにくい。

一方、武智麻呂本人が住んだ可能性も乏しい。不比等の四人の子は、それぞれ南家《なんけ》・北《ほっ》家《け》・式家《しきけ》・京家《きょうけ》を興したとされ、南家、北家は武智麻呂と房前の邸宅の場所に由来し、式家は宇合《うまかい》が式部卿、京家は麻呂《まろ》が左右京太夫であったことに由来すると言われている。この呼び名は平安時代のものであり、奈良時代にさかのぼることは確認できていないが、武智麻呂の家が南、房前の家が北という位置関係は事実を伝えている。それは、『続日本紀』天平宝字四年（七六〇）八月条に見える武智麻呂と房前の太政大臣追贈の記事からわかり、そこでは武智麻呂は南卿、房前は北卿と呼ばれている。そうすると、平城京でも北に位置する法華寺の場所が、南卿の居住地とは考えにくいということになる。

そう考えると、有力な候補に浮上するのが、養老五年に藤原鎌足《ふじわらのかまたり》以来の内臣《ないじん》に任じられ、首皇子《おびとおうじ》の後見を託された房前である。房前の邸宅については、平安時代に藤原北家の長者が、春日詣《かすが》をするさいに宿泊所として用いた佐保殿《さほどの》という邸宅があり、それは『今昔物語《こんじゃくものがたり》』によると藤原房前、冬嗣の旧宅であったと伝えていることから、佐保にあった可能性がある。

しかし、ひとりの人物がふたつの邸宅を有することがあったことは、長屋王邸でも見たとおりであり、長屋王は発掘された左京三条二坊の邸宅のほかに、作宝宅《さほたく》という邸宅をもっていたことが知られている。そして、房前が旧不比等邸に住んだ可能性を筆者が考えているのは、房前に与えられた職掌による。

房前の父、不比等は、かつて軽皇子《かるのみこ》（後の文武天皇）の後見する役目を担っていた。その頃の不比等の邸宅は、出土した木簡《もっかん》から藤原宮の北東に近接する橿原《かしはら》市法花寺町付近であったと推定されている（市大樹『飛鳥の木簡』）。この宮と邸宅との位置関係は平城京でも踏襲されている。そして不比等薨去後の房前の職掌は、首皇子の後見であり、かつ内臣。藤原京の時代の不比等の立場とよく似ている。そう考えれば、房前が職掌上の理由から、不比等邸を引き継いだ可能性も否定できないと思う。そして、このことは、宮に近接する宅地は、職掌と密接にかかわっていた可能性を示しており、同様のことは次に述べる麻呂邸の変遷からも推定できる。

なお、房前は天平九年に薨去する。一方、旧長屋王邸に造られた皇后宮も、木簡の検討から天平十二年（七四〇）の恭仁京遷都に伴い廃止されたことがわかる。藤原氏にはこの時、この宅地を引き継ぐにふさわしい後継者すなわち、房前の職掌を引き継ぐ者がいなかったため、娘である光明皇后が引き継ぎ、平城京に還都した天平十七年（七四五）に、宮寺に改めたのだろう。

藤原四子の邸宅

引き続き不比等の四人の子の邸宅について見ていこう。まずは遷都時の藤原四子の位階であるが、長男武智麻呂と次男房前は従五位下、三男宇合は遷都時に十七歳で、『続日本紀』で最初にその名が見えるのが霊亀二年（七一六）。この時、正六位下で遣唐副使に任じられ、同月に従五位上への昇叙している。麻呂は遷都時十六歳、養老元年従五位下とある（表7）。

このことから、遷都時に位階をもち、宅地を班給されたのは、武智麻呂と房前で宇合と麻呂は不比等の邸宅に住むことになったのだろう。房前の邸宅の候補地は、先述のように佐保と呼ばれる地域にあったと考えられる。佐保の範囲は広く、聖武天皇陵をはじめとする陵墓が所在する丘陵も含むが、平城京域に限れば、現在の法華寺町南西部から芝辻町四丁目付近、左京一〜三条、三〜五坊付近がこれに相当することは先に見たとおりである。

武智麻呂は南卿であるので、その邸宅は、佐保よりは南であることがわかるが、具体的

	716	717	719	721	724	725	726	729	734	737
								長屋王事件		
			正四位下	従三位	正三位				従二位	正一位
			従四位上	従三位	正三位					
	従五位下		正五位上	正四位上		従三位			正三位	
		従五位下		従四位上			正四位上	従三位		

な場所は、はっきりしない。ただし、藤原氏と関連すると思われる瓦の出土は、左京三条二坊六坪で認められ、また「造宮省」と書かれた墨書土器が出土した、左京三条二坊三坪の居住者の候補として武智麻呂があげられている（武智麻呂は養老五年に造宮卿に就任している。図28）。現時点では確たることは言えないが、宮の南側にある遷都時の一町規模の宅地のいずれかが、武智麻呂邸の候補となる。

　宇合の邸宅は検討する材料に乏しいが、右京四条二坊十坪付近にあった興福院《こんぶいん》が、宇合の長男広嗣《ひろつぐ》の妻の発願（護国寺本『諸寺縁起集』）あるいは八男百川《ももかわ》の発願と伝えられていること、『公卿補任《くぎょうぶにん》』によると次男良継《よしつぐ》は弘福院大臣と呼ばれていたことが参考となる。つまり興福院は宇合の子らによる創建を伝えられているのであり、弘福院大臣という名は、自らの邸宅を寺にしたことに由来すると考えられるのである。広嗣は天平十二年（七四〇）、弟継手とともに乱を起こし討たれる。それに伴い良継（当時は宿奈麻呂）も伊豆に流され

表7　藤原四子の昇進

	680 681		694 695		705 707	710	711 713 715
						遷都	
武智麻呂	誕生				従五位下	31歳	正五位上 従四位下 従四位上
房前	誕生				従五位下 正五位上	30歳	従四位下
宇合			誕生			17歳	
麻呂			誕生			16歳	

るが、天平十四年に許され平城京に戻っている。

良継は、その後天平宝字七年（七六三）に、藤原仲麻呂暗殺を企てるが漏洩し、逮捕される。仲麻呂の乱後に復権し、宝亀二年（七七一）には白壁王《しらかべおう》擁立の功績により、内臣に任じられている。こうした良継の経歴からして、邸宅を寺としたのは内臣となった前後と考えられ、護国寺本『諸寺縁起集』が、宝亀元年に広嗣の妻が創建したと伝えることも、宝亀初年に広嗣・良継兄弟ゆかりの邸宅が興福院とされたことを示すと考えられる。これらのことから、この場所（右京四条二坊十坪付近）は本来、宇合の邸宅のあった場所であり、広嗣の謀反にもかかわらず、邸宅は没収されず式家の中で相続されたと考えられるのである。

麻呂邸は発掘調査により、左京二条二坊五坪にあったことがわかっている。これは、旧長屋王邸が皇后宮になったときに併せて、麻呂が居住したと見られる。

図28　墨書土器「造宮省」
（橿原考古学研究所提供）

子孫に伝えられなかった麻呂邸

先に見たように、平城京の宅地は、基本的には子孫の身分を問わずに相続されていることがわかる。事実、藤原北家では房前の佐保の邸宅が、のちのちまで長く伝えられたようであり、宇合の邸宅も、先の想定が正しければ広嗣が反乱を起こしたにもかかわらず、興福院が建立されるまでは式家の中で相続されていたと考えられる。

しかし、不比等邸は、先述のように不比等薨去後に房前に伝えられるが、その後、房前の子孫には伝えられず、皇后宮となり法華寺となるという流れが考えられる。冒頭でも述べたように、藤原氏は早くも四兄弟がそれぞれ家を構え、律令官僚制のルールを生かしたイエの世界に近づいていた。こうした中で、たとえ兄弟とはいえ、兄から妹へという相続は不自然である。そうした点で、旧不比等邸の変遷は単なる相続ではなく、それとは異なる論理で、宅地の主が移り変わっていった可能性が考えられる。そして、そのことを具体的に示しているのが、麻呂邸である。

先述のように長屋王邸が皇后宮となった後、その北側にあたる左京二条二坊五坪は、藤原麻呂邸となった。『公卿補任』によると、麻呂は養老五年（七二一）正月に従五下から従四位上に、同年六月には左京大夫、天平元年（七二九）三月二日に従三位となり、天平九年七月十三日に四十三歳で薨去とある。

注目すべき点は、藤原麻呂邸はのちに梨原宮《なしはらのみや》になった可能性が指摘されている点にある。麻呂の子、浜成《はまなり》は桓武《かんむ》朝（七八一～八〇六）になってから政治的に失脚するが、梨原宮は『続日本紀』には天平勝宝元年（七四九）の宇佐の八幡大神入京時に存在したことが知られるので、浜成が健在であった頃にはすでに梨原宮になっていたことは確かである。

出土木簡からは、麻呂の家政機関が、盛んに天皇や皇后が居住する施設と往来していたことが判明しているが、この施設とは、具体的には皇后宮であったと考えるのが自然であり、麻呂がこの地に住んだのも、麻呂個人の事情ではなく、その邸宅も麻呂が職掌を遂行するためのものであり、皇后宮と一体的な施設であった可能性が高い。

そうすると、皇后宮が旧不比等邸に移った後は、麻呂邸が役割を終えたことも当然の結果であり、平城還都後に行われた宮と周辺施設の再整備の中で、梨原宮になったのだろう。つまり、不比等邸と麻呂邸はともに有力貴族の単なる私邸ではなく、官僚が与えられた職掌を果たすために、国から貸与された公邸であったと言えるのではないだろうか。

この仮定が正しければ、長屋王がふたつの邸宅を有していたことも同じ理由で説明できそうである。すなわち、平城遷都当初は宮周辺に、太政官の有力な構成員が執務を行うための公邸が存在していた可能性があり、有力者はそれとは別に私邸を有していた、とする考え方である。

藤原氏は長屋王を打倒し、一時、政界を牛耳る勢力になったが、天然痘の流行により四子が相次いで倒れる。このことは、職掌を世襲することにより、宮周辺の宅地を押さえようとした藤原氏にとって大きな誤算であり、職掌により居住が認められた宮周辺の宅地の多くを、手放さなければならなくなったのだろう。そう考えると、官僚制を巧みに利用した藤原氏の最初の挫折が、宮周辺の宅地からの藤原氏の後退という現象に現れていると思われる。こうして見ると藤原氏の宅地の変遷とは、多分に奈良時代前半の政治の動向を反映しているようにも思える。

また、不比等邸と麻呂邸、そして長屋王邸はともに近接する場所にあったが、それが後に法華寺・梨原宮・皇后宮といずれも邸宅ではない施設となっていることも注目する必要がある。これは、極端な話、天皇が住み、そして役所が集中する宮の近接地から、個人の邸宅が排除されたと見ることもでき、さらに言えば天皇と臣下の距離が遠ざかったと評価することもできるかもしれない（図29）。

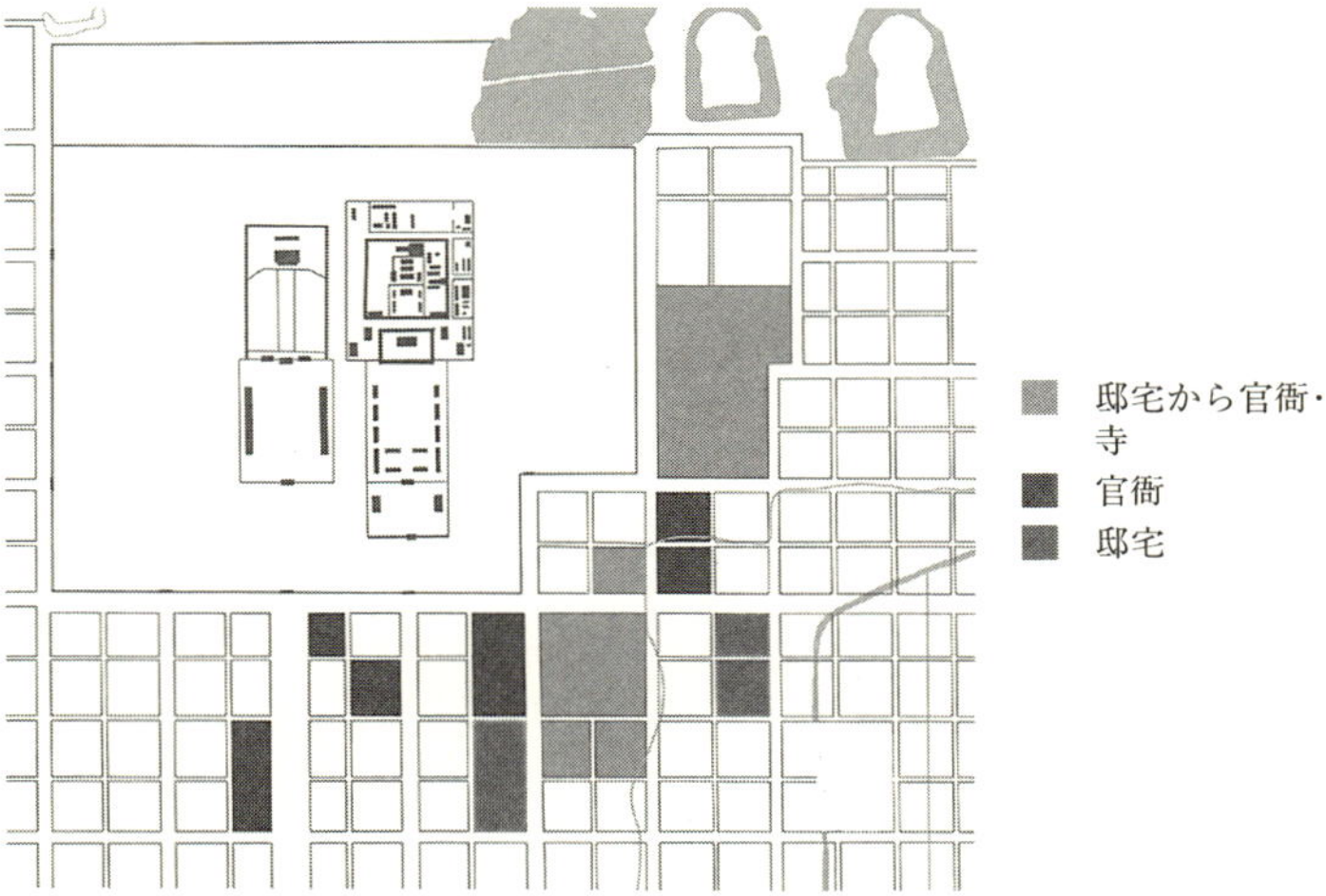

図29　宮周辺の宅地

広がる藤原氏の邸宅

四子の相次ぐ死去、そして広嗣の乱により、勢いを失った藤原一族であるが、武智麻呂の子、豊成が順調に出世し地位を盛り返す。そうした中、武智麻呂の次男仲麻呂は光明皇后の信頼を得、急速に力をつけ、橘《たちばなの》諸兄《もろえ》に代わり政界を牛耳るようになる。仲麻呂は左京四条二坊の地に八町にも及ぶ広大な土地を取得し、田村第《たむらだい》という邸宅を造り、その中に皇太子となった大炊王《おおいおう》のために田村宮を置く。

仲麻呂が邸宅を構えた地は田村里と呼ばれており、遷都時には、後述する大伴宿奈麻呂《すくなまろ》の邸宅をはじめとする一町規模の宅地が設けられた場所であった。おそらく、仲麻呂はそれらの土地を購入するなどして、手に入れたと考えられる。

また、仲麻呂は恵美《えみ》の姓を賜り、仲麻呂の子孫のみがその姓を名乗ることが許された。これは不比等が中臣氏から分離し、子孫のみが藤原姓を名乗るようになったのと同様、藤原一族からの分離独立を図ったもので、橘奈良麻呂《たちばなのならまろ》の乱後の処理にあたって兄豊成までをも失脚させた仲麻呂としては、自らの特権を子孫のみに伝えることがねらいであったと考えられる。こうした仲麻呂政権下で、ほかの藤原氏の動向はもうひとつはっきりしないところがあるが、天平勝宝二年に入唐した房前の四男清河《きよかわ》は、右京三条一坊十三坪か、三条二坊四坪あたりに邸宅を構えていたと考えられる。これは、唐で客死した清河の邸宅が、済恩院《さいおんいん》という寺にされたという伝承に基づくものであり、斉音寺の小字が残るこのあたりが清河邸と考えられる。

また、武智麻呂の四男乙麻呂の子、是公《これきみ》は、牛屋大臣と呼ばれていることから、牛屋の地名が残る左京三条四坊十一・十四坪付近に居住していたと考えられる。なお、是公は、延暦三年（七八四）には田村第に住んでいたことがわかっている。

これらのことから、仲麻呂政権下においても、四子の力を受け継いだ者が、それぞれ独自に宅地を取得し、邸宅を構えていたことが知られる。仲麻呂が橘奈良麻呂の乱を未然に防ぐことにより、その地位を確固たるものにした天平宝字四年（七六〇）頃、藤原一族で五位以上の地位にいたものは、一九名を数える。大伴氏・阿倍氏といった、遷都時に五位以上の人物を多数輩出した一族が、蔭位により、かろうじてその人数を維持しているのに対し、この数はまさに他を圧倒する人数である。

このように藤原氏は着実に宅地を増やしており、自らの地位の上昇に併せて、その規模を拡大していった。こうした宅地の拡大は、多くの場合、土地の買得によったと考えられる。藤原氏による土地の買得の記事には、先に紹介した「佐伯院附属状」に見える冬嗣による佐伯院買い上げの記録が残るだけであるが、実際には同様の方法で、多くの宅地を入手していたのだろう（図30）。

藤原氏の邸宅の特質

ここまで見てきたように、遷都当初、藤原一族はほかの氏族と同様、位階による宅地の班給を受けていたが、その職掌によって宮に近い一等地での居住も認められていたと考えられる。ただし、これらの宅地は、本来、個人への班給の対象となるものではなく、職掌との関係において居住が認められる公邸であった。いわば、職田と同様の性格の宅地であったと考えられる。

藤原氏は職掌を世襲することにより、それらの宅地の永続を図っていたが、予期せぬ四子の相次ぐ薨去《こうきょ》によりそれは挫折し、それらの宅地は官衙《かんが》や寺とされ、そのもくろみは大きく狂うことになる。しかし、その後も子孫は蔭位制の恩恵に与り、着実に昇進を遂げ自

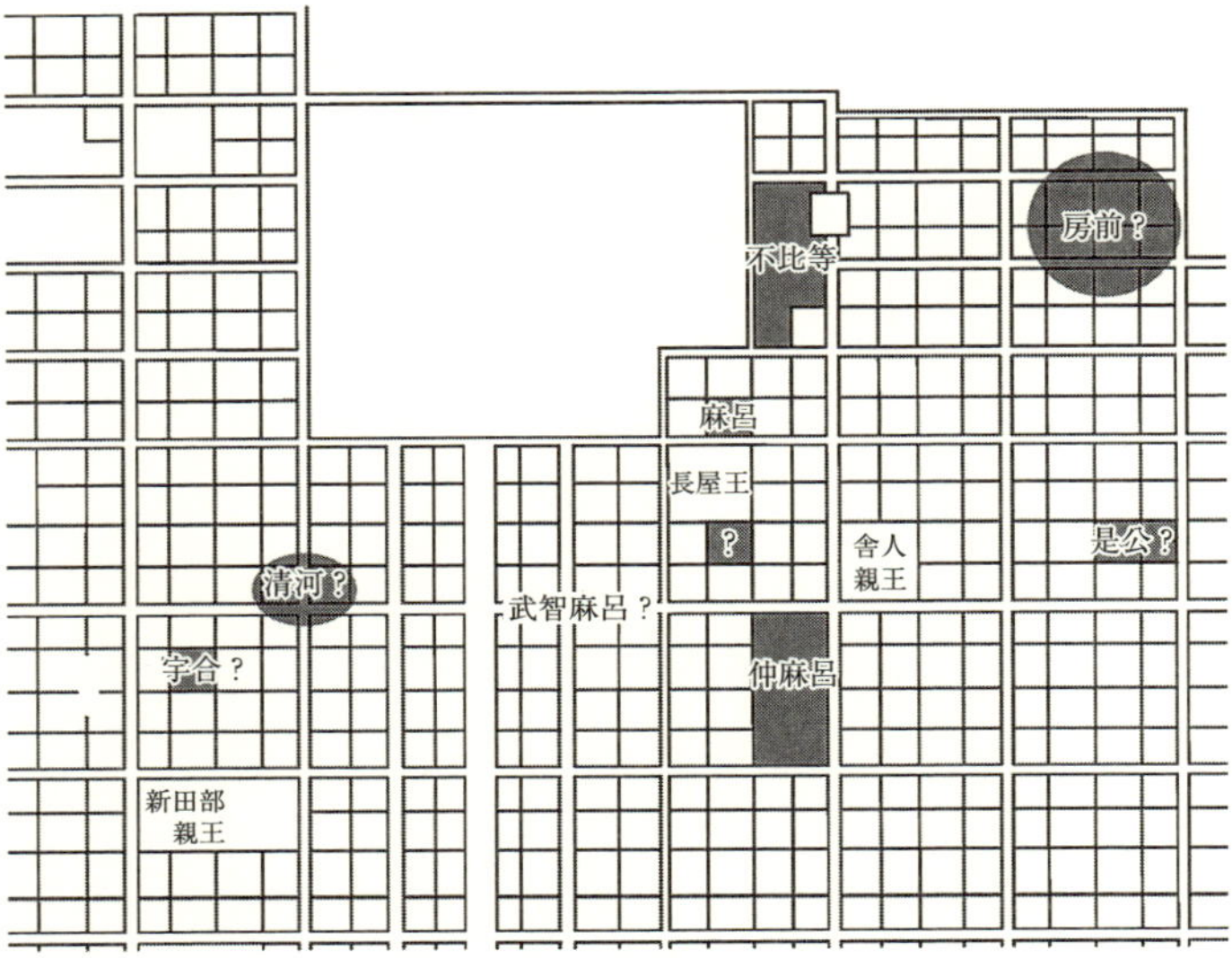

図30　藤原氏関係の邸宅の分布

ら土地を取得しそれを広げていくことになる。これらの土地は、主に買得したと考えられるが、経済的な事情などで宅地を手放さざるを得なかった者から購入したり、藤原氏と政治的な結びつきが強い者に限って購入することができたと考えられる。そのため、藤原氏は勢力を盛り返した後も、宮に近接する宅地や後述する大伴氏などの有力氏族の居住地が集まる場所には、再び進出することはできなかった。また、遷都当初は不比等邸や長屋王邸といった有力者の邸宅が置かれた宮周辺の宅地は、官衙や寺として利用されるようになっており、個人が邸宅を構えることを許さなくなっていた。

このように藤原氏の宅地のあり方から遷都当初の宅地班給の方法や論理、官僚制度の本質を熟知した者による勢力拡大のようすを知ることができるのである。

発掘された平城京の宅地

宅地の規模

一町以上の大規模宅地

前章では、主に史料から平城京の宅地の相続や土地取引について見てきた。平城京の宅地は、基本的には個人財産として扱われていたが、宮に近接する場所には、遷都当初は居住者の職掌と密接なかかわりをもつ公邸ともいうべき宅地があった可能性を指摘した。また、土地の売買は活発であり、特に遷都後に力をつけた者や、有力者の子であっても、次男以下の者は、自力で身分にふさわしい土地を手に入れる必要があると同時に、地位や財産の維持に失敗した者は、はじめに与えられた宅地を手放さなければならなかったと考えた。

ここからは、発掘された宅地の検討を中心に、こうした史料から確認できたことが遺跡からも確認できるのか、あるいは違う事実が見えてくるのかという点にも注意しながら、話を進めたい。それと同時に、官衙《かんが》と邸宅の違いについてもお話ししていきたい。

平城京で最大の規模を有する宅地は、左京四条二坊に所在した藤原仲麻呂《ふじわらのなかまろ》の田村第《たむらだい》であり推定八町を占める。東京ドーム三つ分にも及ぶ広大な宅地であり、まさに奈良時代中頃最大の実力者の邸宅にふさわしい規模を誇っている。しかし、この場所が奈良時代のはじめから大規模な宅地であったのかというとそうではない。発掘調査で見つかった遷都当初の遺構は極めて散満であり、高位の人物の邸宅があったとは考えにくい。恐らく、仲麻呂の地位の上昇に伴い、複数の宅地を入手し、これだけの規模の宅地となったと考えるのが妥当だろう。また、この宅地は淳仁天皇の宮と仲麻呂の邸宅である内相の宅の複合施設であり、たてまえ上はふたつの宅地と見ることもできる。

遷都当初（宅地の最初の班給時）に確実に存在した大規模宅地は不比等《ふひと》邸を除くと、四町規模の宅地である。それには左京三条二坊一・二・七・八坪の四町を占める長屋王《ながやおう》邸があり、唐招提寺《とうしょうだいじ》下層の新田部親王《にいたべしんのう》邸、先に紹介した推定舎人親王《とねりしんのう》邸、居住者は不明であるが左京二条四坊一・二・七・八坪がある。このように平城京では四町を超える宅地がいくつか見つかっており、また居住者の遷都当初の位階は、長屋王が宮内卿従三位、不比等は右大臣正二位、新田部親王・舎人親王は二品であり、このことは現在推定されている班《はん》給《きゅう》基準の正しさを裏付けている。

これらに次ぐ規模の宅地には、二町規模のものがある。発掘調査で確認された遷都当初の事例、つまり坪どうしを分ける道路が造られていない事例には、左京一条三坊十五・十六坪、左京一条三坊十三・十四坪、左京二条五坊五・十二坪、左京三条一坊十五・十六坪、右京三条一坊三・四坪があり、遺構の配置から左京三条一坊十三・十四坪も二町規模の可能性が示されている。

これらのうち、居住者の推定がなされているのは、長屋王の作宝宅であった可能性が高いとされている左京一条三坊十五・十六坪の一例のみである。

一町規模の宅地は、比較的多く認められるが遷都当初のものに限ると、左京二条二坊五坪、左京三条一坊十二坪、左京三条二坊六坪・十五坪、左京三条四坊十二坪、左京五条四坊十坪、左京九条三坊三坪、右京八条一坊十三坪の八例にすぎない。また、その坪における最初の施設が一町規模であったもの、つまり遷都当初は空き地か小さな建物が点在する程度であったが、宅地として本格的に利用された時の規模が一町であったものには、左京二条二坊十一坪・十二坪、左京三条一坊七坪、左京三条二坊三坪・四坪・九坪、左京三条三坊十三坪、左京三条四坊四坪、左京五条一坊一坪、左京五条一坊十六坪、左京五条二坊十四坪、右京三条二坊十五坪、右京四条二坊八坪がある（図31）。

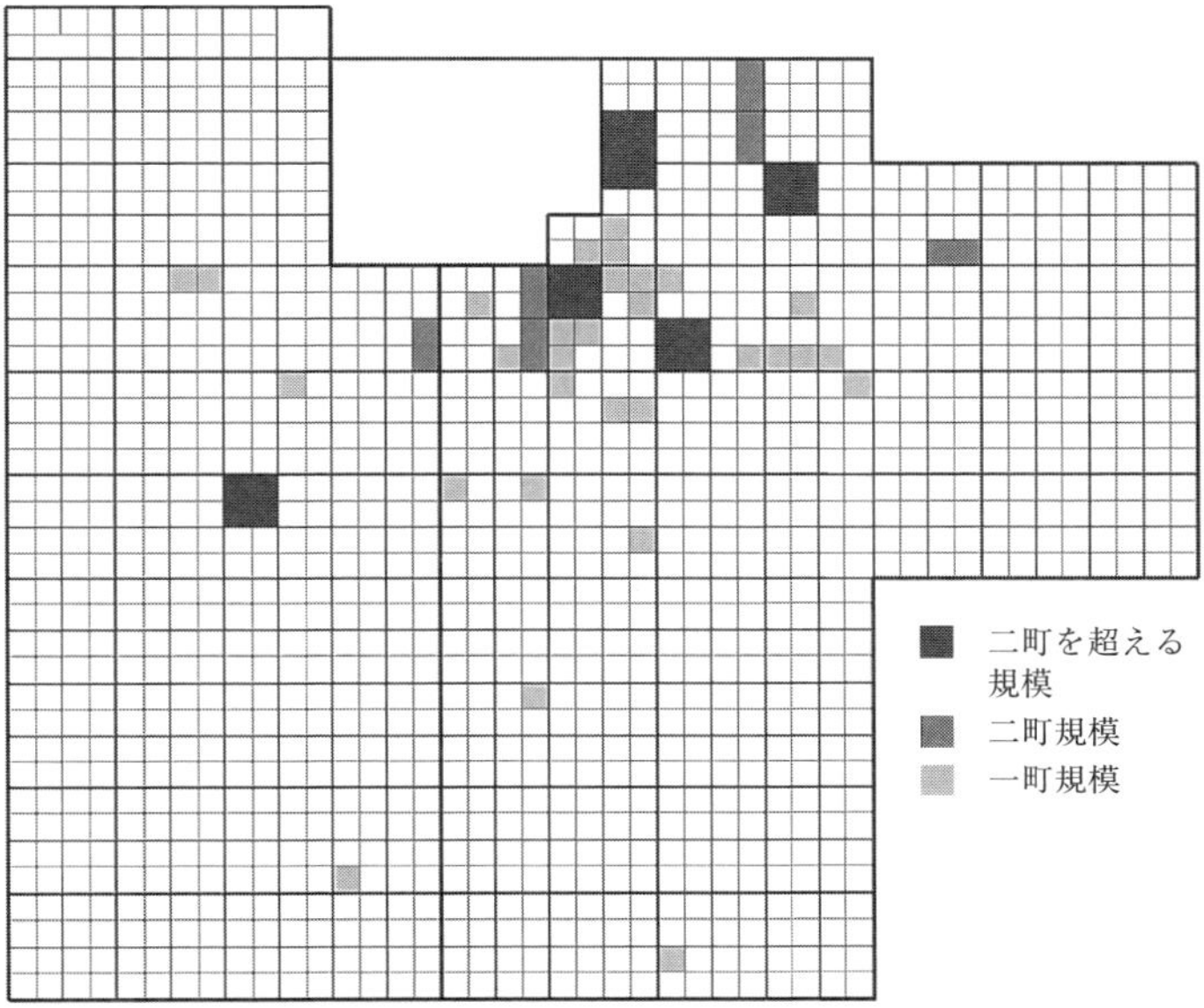

図31　大規模宅地の分布

こうして見ると、一町規模の宅地は左京に集中する傾向を示し、特に三条二坊・四坊、五条一坊に多く認められる。平城京の宅地については、五条大路以北に大規模なものが集中する傾向があることは、これまでも指摘されていたとおりである。しかし、左京九条や右京八条にも一町規模の宅地がある反面、左京四条四坊や四条五坊、五条五坊、右京二条三坊のように、ある程度、発掘調査が進められながらも、遷都当初の大規模な宅地が見つかっていない事例も多い。また、右京三条三坊は「右京計帳《けいちょう》」から八名の人物の居住が知られており、下位の人物に分け与えられた宅地であることがわかる。

このように一町を越える大規模宅地の分布は、単純に五条以北と言えない点もある。

一町に満たない規模の宅地

一町に満たない宅地には、推定されている班給基準に合致する二分の一町宅地、四分の一町宅地があるが、それ以外に八分の一町宅地、一六分の一町宅地という規模のものが遷都当初から認められる。また、奈良時代後半になると、一六分の三町宅地、三二分の一町宅地や六四分の一町宅地も現れる。六四分の一町といっても、八〇坪近い面積となるので、都市部に住む現代人の感覚では豪邸の部類に属するだろう。また、一六分の一、三二分の一、六四分の一といった宅地の規模は、先に紹介した月借銭解《げっしゃくせんげ》に見える宅地と合致するものであり、史料と発掘調査成果が合致する事例として興味深い。

このような一町に満たない宅地は、総じて宮から離れた七条以南で見つかる場合が多いが、二分の一町宅地は宮近くでもしばしば確認されており、一町を超える大規模宅地に近接して分布する傾向も認められる。ちなみに、奈良時代前半の一町規模未満の宅地のうち、五条以北で確認されている事例には、左京では三条三坊一坪（二分の一）、三条四坊七坪（二分の一と四分の一）、四条二坊十五坪（二分の一）、四条四坊九坪（四分の一と八分の一）、五条一坊四坪（四分の一）があり、右京では二条二坊十六坪（四分の一）、三条三坊一坪（二分の一）、五条四坊二坪と三坪（四分の一）がある。これらはいずれも、官衙とは考えにくく、個人の邸宅であると見られている。

この中で、左京三条三坊一坪は推定舎人親王邸にも近接し、二条大路と東二坊大路に面する一等地であり、左京五条一坊四坪は朱雀大路と五条大路に面し、右京二条二坊は右大臣の地位にも昇る大中臣清麻呂が奈良時代後半に邸宅を構える場所で、十六坪は一条大路と西二坊大路に面する。こうした一等地の中にも、坪を分割する宅地が存在するということは、五位に満たない人物の中にも、宮に近い大規模宅地に近接し、かつ大路に面した一等地が与えられることがあったことを示している。

このことは史料からも窺われ、遷都当初とは限らないが、五条以北に居住する六位以下の人物は、左京で一七名、右京でも一六名に及んでいる。この点については、次章で改めて述べることとし、ここでは遷都時に位階は低くても、一等地に住んでいた人物がいたことを確認するに留めたい（図32）。

分割された大規模宅地

一町を超える遷都時の大規模宅地は、その後、細分化されるものもあれば、周囲の宅地を組み込み拡大するものもある。ここでは、そうした大規模宅地の変遷について見ていくこととする（表8）。

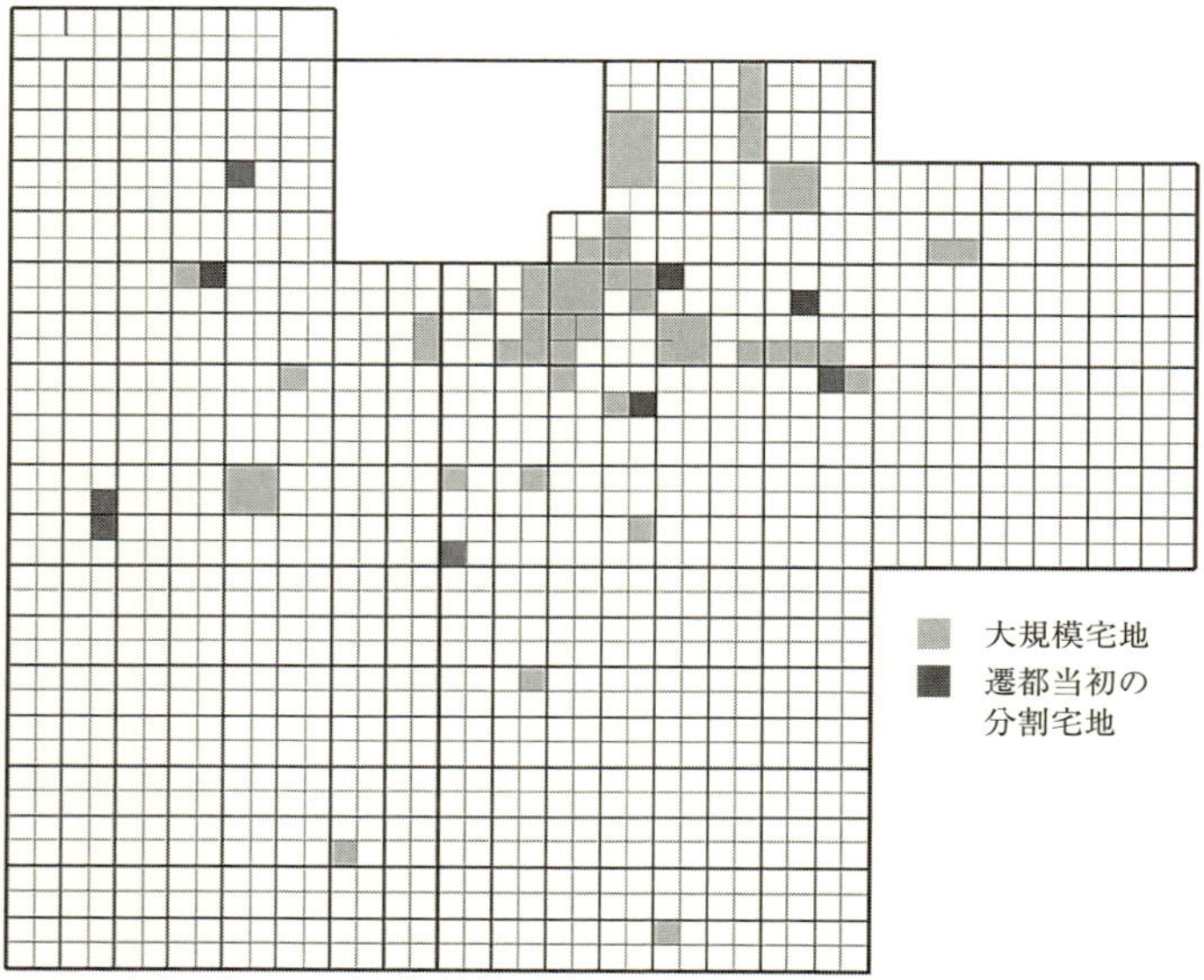

図32　大規模宅地と遷都当初の五条以北の分割宅地の分布

遷都当初の四町宅地は、のちに寺院になった不比等邸、新田部親王邸を除くと、いずれも分割されてしまう。このことは、これまで見つかった大規模宅地の主は、奈良時代の間に没落し、宅地を分割あるいは失ってしまったということになる。

逆に言えば、分割されたり、ほかの施設に利用されたりしている宅地の主とは、たとえば多治比《たじひ》一族のように、奈良時代の中でなんらかの政争に巻き込まれ失脚したか、次第に勢力を失った一族の邸宅であったという仮定も成り立つ。多治比一族は遷都時に、多治比真《たじひのま》

表8　平城京における大規模宅地と変遷

		Ⅰ期〜721	Ⅱ-1期〜729	Ⅱ-2期〜745	Ⅲ期〜757	Ⅳ期〜770	備考
1	左1.3.13·14	時期不明，2町利用					小路付近に建物．奈良時代つうじて一体利用か
2	左1.3.15·16	2町利用		以後，末まで空閑地			緑釉磚・Ⅰ．Ⅱ期瓦多数.720年代廃絶．長屋王の作宝宮か
3	左2.2.5	1町利用？					ある時期，麻呂邸．その後，梨原宮か
4	左2.2.11	空閑地					瓦多数・多量の施釉瓦
5	左2.2.12	空閑地					瓦多数・多量の施釉瓦.11坪と建物中軸合致
6	左2.4.1·2·7·8	4町利用			1町利用？	2町利用？	Ⅱ-2期の瓦多数・「粥所」の墨書土器
7	左2.5.5·12	時期不明，ある時期2町以上利用					小路推定ライン上に柱穴
8	左3.1.7	先行建物なし，空閑地か				1町利用？	小規模建物多．建て替え少ない．建物密度低い．大学寮か
9	左3.1.12	1町利用？					大きく3時期の変化
10	左3.1.13·14	2町利用？	門の位置坪心にないため，2町利用の可能性あり				北半は居住地・南半園池
11	左3.1.15·16	2町利用？					Ⅲ-1瓦・磚多数．中心区画の配置，奈良時代つうじて変化せず
12	左3.2.1·2·7·8	4町利用		宅地か		宅地か	長屋王邸→皇后宮→邸宅→太政官厨か
13	左3.2.3		1町利用		1/2		造宮省の墨書土器出土
14	左3.2.4	時期不明，奈良時代をつうじて1町利用					4時期以上の変遷
15	左3.2.6	1町利用					邸宅→庭園
16	左3.2.9·10	当初不明，ある時期に一町利用			2町利用？		当初から瓦の量多い．Ⅱ期は独自の瓦を葺く
17	左3.2.15	1町利用				1/2	
18	左3.2.16	当初分割，ある時期に一町利用					坪中央に南門
19	左3.3.3·4·5·6		3町以上利用？			以後不明	Ⅱ期瓦多数出土
20	左3.3.8·9		不明			2町利用？	緑釉瓦多数出土
21	左3.3.13	時期不明，ある時期に一町利用？					脇殿ふうの建物あり
22	左3.4.4		1町利用		1/2	1/2	4時期以上の変遷
23	左3.4.5	当初分割，ある時期に一町利用？					
24	左3.4.7	1/2.1/4	1/2.1/4	1/2.1/4	1/2.1/4	1町利用	三分割から1坪．和同開珎の鋳造遺構
25	左3.4.12	1町利用		1/2	1/2	1/2	多量の製塩土器出土
26	左4.2.1			1町利用			市原王邸か
27	左4.2.10·15	1.1/2	1.1/2	2町以上利用？			田村第の一部
28	左4.4.16				1町利用	1/2	宅地成立時期遅れる
29	左5.1.1·8		1町利用	2町利用			
30	左5.1.13·14	当初不明，ある時期に2町以上の利用					
31	左5.1.16		1町利用				
32	左5.2.14				1町利用		官衙ふうの建物配置
33	左9.3.3	1町利用					
34	右3.3.1	1/2	1町利用				埋甕を伴う建物あり
35	右3.2.15			1町利用			
36	右3.3.8			1/4.1/2	1町利用		埋甕を伴う建物あり
37	右3.1.3.·4	当初2町利用，後に分割か？					
38	右4.2.8	時期不明，ある時期に一町利用？					
39	右5.2.9·10·15·16		4町利用？		唐招提寺		新田部親王邸

人《ひと》水守を筆頭に六名が五位以上の地位にいたが、橘奈良麻呂《たちばなのならまろ》の乱（天平宝字元年〈七五七〉）の時に、従五位上犢養《こうしかい》や従四位下国人《くにひと》・礼麻呂《いやまろ》・鷹主《たかぬし》らが乱に加担した罪で処罰され、氏上であった中納言従三位広足も監督責任を問われ解任され、以後、衰退する。実際に、大規模宅地がのちに分割されている例には、長屋王邸・推定舎人親王邸・左京二条四坊一・二・七・八坪などがある。

　繰り返し述べてきたように長屋王邸は、長屋王事件の後に皇后宮になった。しかし、平城還都後は、異なった施設として利用されただけでなく、その後も目まぐるしい変遷を見せる。還都直後は一・二坪は一体利用するものの、七・八坪はそれぞれ一町単位で利用されており、その後、再び四町利用となるが、奈良時代の終わりには一・二坪はそれぞれ一町、七・八坪は一町をさらに細分する。皇后宮の後の施設が何であったのかは、不明だが、最終段階の一坪は、太政官厨家であった可能性が指摘されている（図33）。推定舎人親王邸は、坪が分割されたことが確認されているが、宅地の全体像が不明なため、施設の性格はわからない。

　左京二条四坊一・二・七・八坪は、二坪北半から一坪の一部を部分的に調査しているのみなので、宅地内の建物の状況は不明な点が多いが、奈良時代初期の四町利用宅地は、中頃に二条条間北小路が造られることにより分割され、後半には再び一・二坪が一体利用さ

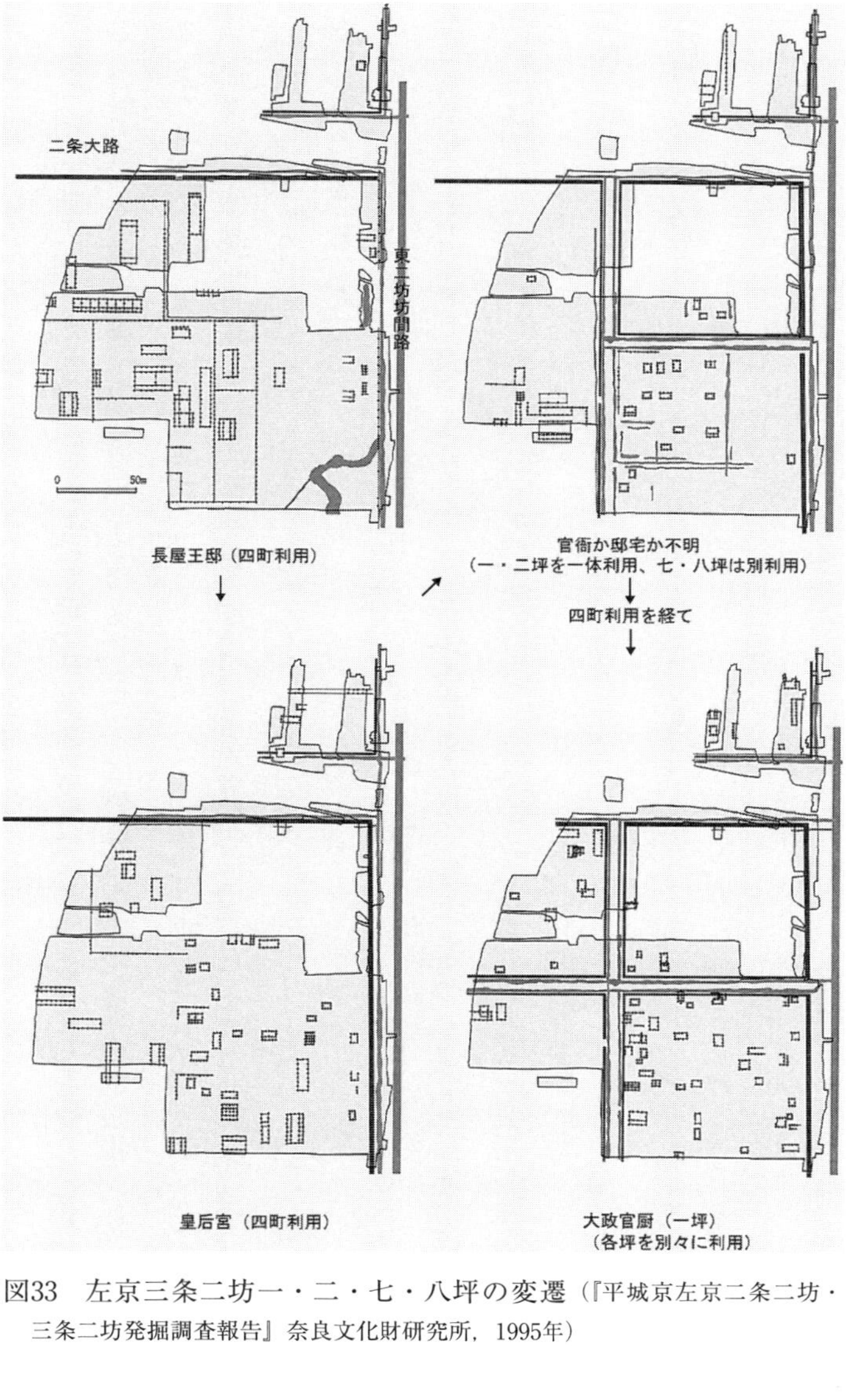

図33　左京三条二坊一・二・七・八坪の変遷（『平城京左京二条二坊・三条二坊発掘調査報告』奈良文化財研究所，1995年）

れている。遷都直後の建物が最も大きく、瓦葺き建物も存在したと考えられる。しかし、それぞれの時期の施設が、官衙であるのか邸宅であるのかは、はっきりとしない。

このほかにも、一町規模の利用からそれ以下へと変化が確認されたものは、左京三条二坊三坪、十五坪、左京三条四坊四坪、十二坪がある。こうした大規模宅地の縮小化の傾向は、四町利用宅地に近接した場所で顕著に認められる傾向がある。左京三条四坊四坪、十二坪は、推定舎人親王邸に近接する宅地であり、左京三条二坊三坪、十五坪は、長屋王邸も置かれた一等地である。

また、小規模宅地では、右京八条一坊十四坪などで、小規模宅地のさらなる細分化が認められる。この変化で見逃せないのは、ひとつの宅地のみが縮小するのではなく、坪内に複数存在する宅地が、一斉に細分されることである。こうした変化は、単に居住者個人の事情だけで起こりうるとは考えにくく、坪全体を対象とした土地区画の再整備が行われたことを示すと考えられる（図34）。

拡大された宅地

二町以上利用であったものが、さらに拡大した事例は、唯一、田村第にその可能性が認められるだけで、それ以外には今までのところ確認されていない。一町規模のものが拡大し二町規模になった例、あるいはその可能性が高いとされているものには、左京三条二坊九・十坪、左京三条三坊八・九坪、左京五条一坊

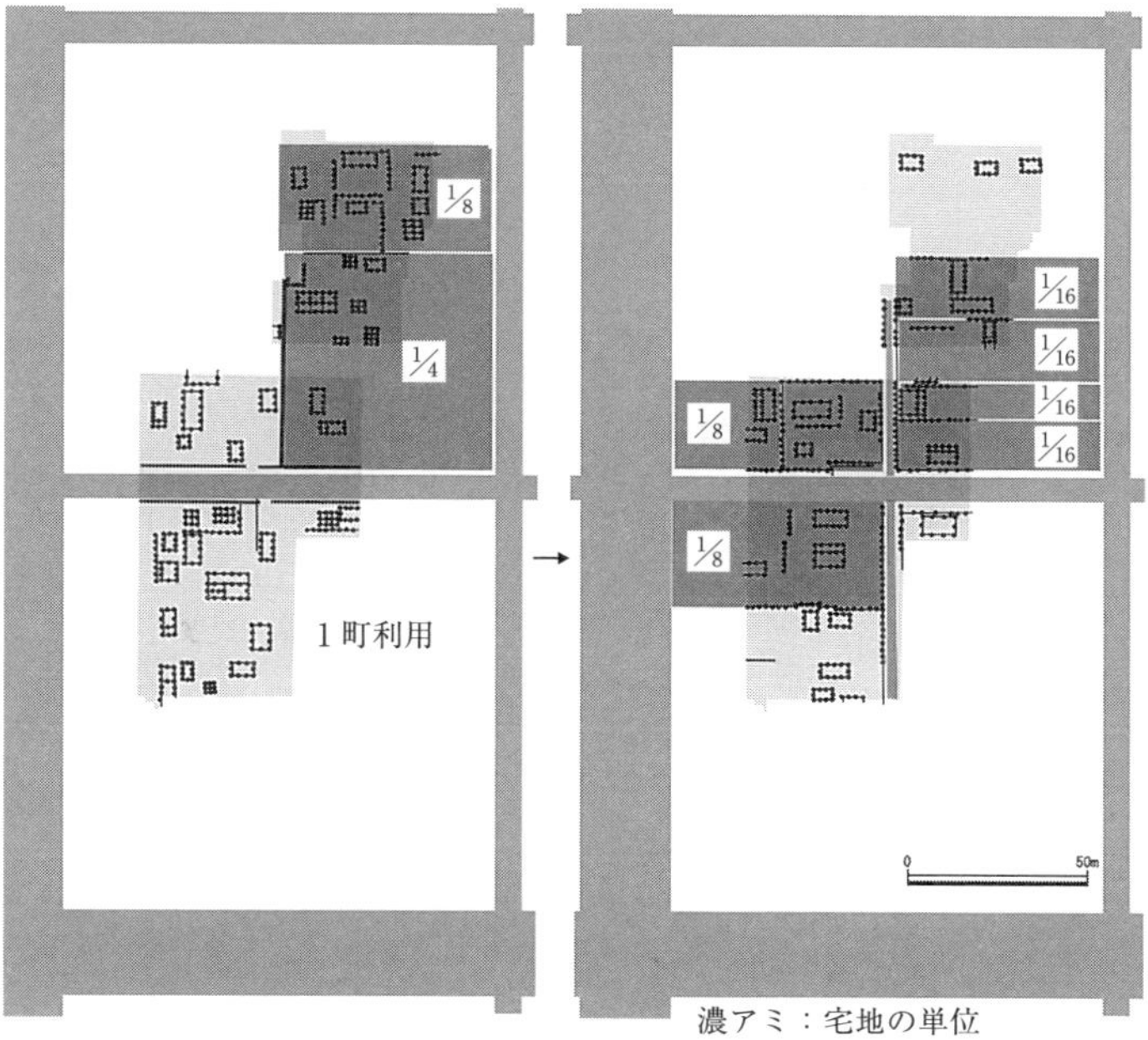

図34　右京八条一坊十四坪で見られた宅地の分割（『平城京右京八条一坊十三・十四坪発掘調査報告』奈良文化財研究所，1989年）

一・八坪、左京五条一坊十三・十四坪がある。

　また一町に満たない規模のものが一町規模になった事例には、左京三条二坊十六坪、左京三条四坊五坪・七坪、左京四条二坊一坪、左京五条四坊十五坪、右京三条三坊一坪・八坪がある。

　遷都当初の二町以上の宅地が分割・縮小化するのに対し、一町規模以下のものは拡大する傾向が認められる。先に宅地の分割が認められた地点と

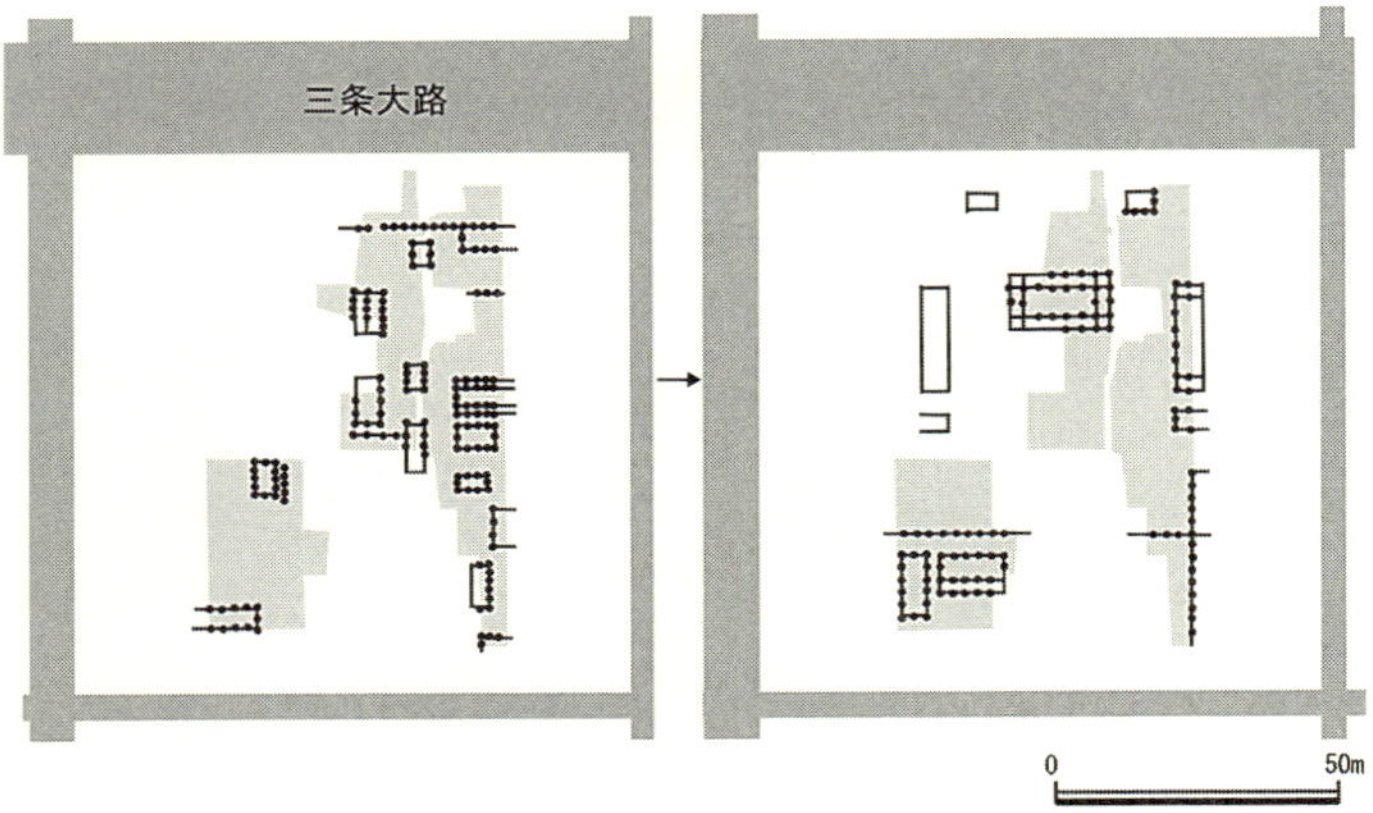

図35　左京四条二坊一坪の変遷（『平城京左京四条二坊一坪』奈良文化財研究所，1987年）

して、左京三条二坊と三条三坊をはじめとする三条大路沿線を指摘したが、逆に拡大した事例を見ても、三条二坊が二例、三条三坊が二例認められることは、これらの場所は、居住者の変更やあるいは宅地の改変が頻繁に行われたことを示す。また、遷都後、しばらくしてから大規模宅地の分布範囲に含まれるようになった五条一坊でも、そうした事例が二件認められる。

これら拡大した宅地の中には、居住者の変更によるものと、居住者の地位の上昇によるものがあると考えられる。居住者の変更によると思われる事例には、左京四条二坊一坪があげられる。この坪は大仏造営の長官を勤めた市原王邸の推定地であり、遷都当初は小規模建物が、いくつかのグループに分かれ点在していたものが、奈良時代前半のうちに一町利用になる（図35）。

居住者の地位の上昇の可能性があるものには、左京三条二坊九・十坪と、左京五条一坊一・八坪がある。前者は、初期の坪内の利用状況は、はっきりしないものの、奈良時代後半には九・十坪にまたがって、大規模な整地がなされており、九坪中央には大型の掘立柱建物が造られている。左京五条一坊一・八坪は、奈良時代中頃に一坪の中央に二棟の中心建物が建てられるが、奈良時代中頃にこの建物を塀で囲うようになることを契機に、東接する八坪を含めた二町規模になるようである。一町規模の段階と二町規模の段階ともに、中心建物が同じであることから、邸宅とすれば、居住者の地位の上昇、資産の拡大に伴う変化と考えられる。

左京五条四坊十五坪は、当初は坪北半は空き地で、南半を二分の一に分割している。一町規模となるのは八世紀後半であり、築地塀を設け東四坊大路に面して門を設ける。平城京で大路に面して門を開くことができるのは、三位以上と定められていたので、邸宅とすると三位以上の人物が住んでいたとなるが、「政所」の墨書土器が出土したことから、官衙の可能性が指摘されている。しかし、この坪は八世紀末には再び大きく改変され、坪の西半が空き地となり、建物は東側のみに存在するようになる。その後も数回の建て替えが行われるが、九世中頃に廃絶するまで西半は空き地のままである。

このほかにも、左京三条三坊八・九坪も一町利用から二町利用へという変遷が考えられるが、坪内の状況は、発掘調査がさほど行われていないため不明である。

変化しない宅地

左京三条一坊十三坪・十四坪がこれにあたる。この宅地は極めて個性的である。十三坪の南側には池があり、十四坪の南から一〇分の三の位置に門をもつ二町利用の宅地は、官衙というよりも、有力者の邸宅である可能性が高い。池と居住域は十四坪に設けられた東西塀によって分けられており、建物そのものは何度か建て替えられているが、邸宅内の施設の配置は奈良時代の初めから末までほとんど変化していない。

邸宅から空き地へ

左京一条三坊十五・十六坪は、長屋王の作宅宅の可能性が指摘されている。和銅年間（七〇八～七一五）に造営され、天平初年には廃絶したと考えられており、以後、奈良時代末まで、土地利用がなされていない。作宝宅とする根拠は、出土木簡《もっかん》の検討からこの地の造営を官司が主導したこと、宅内に苑池を有すること、緑釉水波文磚《せん》など、当時稀少な遺物が出土していること、この地は中世に佐保田《さほだの》庄《しょう》に含まれることから、史料に見える作宝宅にもつうじるなどの理由による。

左京三条二坊の長屋王邸は、その後、めまぐるしく宅地の利用形態が異なるが、反対に作宝宅と考えられるこの場所は、空き地として放置されたようである。

寺にされた宅地

宅地が寺になった例として法華寺（不比等邸）、唐招提寺（新田部親王邸）がある。不比等邸は、法華寺下層にあたるため、調査も部分的である。しかし、この付近からは奈良時代前半の瓦がまとまって出土していることが注目される。この瓦は歌姫西瓦窯産の製品であり、宮からはあまり出土せず、京内の、しかも藤原氏とかかわりがあると指摘される場所からの出土が目立つと言われている。長屋王邸でも見たように、瓦の文様はその供給先と強い結びつきをもつことから、この瓦も藤原氏ゆかりの瓦と考えられている。なおこの瓦を葺いた時の邸宅の主は、房前であった可能性を先に指摘したところである。

新田部親王邸は、新田部親王から子の道祖王《ふなどおう》、塩焼王《しおやきおう》へ伝領されたことが知られる。『続日本紀《しょくにほんぎ》』によると、鑑真《がんじん》は新田部親王の旧宅を賜り、唐招提寺としたとあり（『唐大《とうだい》和上東征伝《わじょうとうせいでん》』によると天平宝字元年〈七五七〉）、また、橘奈良麻呂の乱に加担した道祖王は、右京の宅を包囲されている（天平宝字元年）。『唐大和上東征伝』によると、鑑真は氷上塩《ひがみのしお》焼《やき》（塩焼王）の家に招かれ、寺を建てる福地であると述べ、後にこの地を賜ることになったという。

これらのことから、少なくとも新田部親王の宅地は、道祖王・塩焼王に伝領されたが、後に両者が橘奈良麻呂の乱に加担したために官により没収、直後に鑑真に与えるという経緯がわかる。

また史料や岸俊男氏の考証によると、藤原良継《よしつぐ》の邸宅が興福院《こんぶいん》（右京四条二坊十坪付近か）へ、藤原清河《きよかわ》の邸宅が済恩院《さいおんいん》（右京三条一坊十三坪・三条二坊四坪か）へ、石上宅嗣《いそのかみのやかつぐ》の邸宅の一部が阿閦寺《あしゅくじ》（左京二条三坊か）とされたことが知られる。

宅地の変遷から見えてきたこと

ここまで見てきたように、平城京の宅地は、場所によっては拡大や縮小を繰り返す、めまぐるしい変化を見せるところもあれば、あまり変化しないところ、また、長い間空き地として放置されていたところなど、さまざまなパターンがあることがわかった。また、もっともめまぐるしい変化が認められるのは、長屋王邸があった左京三条二坊をはじめとする宮周辺の一等地である。

こうした変化は、単に居住者のみの事情だけではなく、当時の政治情勢が大きく影響しているようであり、たとえば推定舎人親王邸に近接する大規模宅地は、舎人親王邸廃絶とほぼ同時に分割されている。こうしたことや、冒頭で述べた皇后宮と麻呂邸、左京三条二坊六坪との関係を考慮すれば、どうやら京内の近接する宅地の居住者どうしは、なんらかのつながりがあり、そのことが有力者の邸宅が廃絶するとともに、周辺宅地の様相も変化する、ということにつながっているのではないかという印象を受ける。

一方、小規模宅地についても、宅地の分割が単独でなされているのではなく、坪という単位でなされていることを見れば、公権力の発動により、宅地を強制的に改変させられることもあったことを示していると考えられる。先に見たように、個人の家と土地は、個人財産として扱われていることは確実であるが、その一方でこうした事例が発掘調査で確認されているということは、単純に現在の住宅と同じように考えるわけにもいかなそうである。

宅地の構造

発掘された宅地の構造は実に多様である。それはもちろん、宅地の規模によっても違うし、同じ大きさの宅地であってもその構造は千差万別である。ここではまず、一町以上の大規模宅地について述べていくことにするが、こうした宅地の中には、官衙も含まれていると考えられるので、まずは官衙の特徴を明らかにし、邸宅との区分の仕方について考えていくこととする。

官衙と邸宅

発掘された遺構が邸宅か官衙か、という問題は早くから論じられてきた問題であり、これまでさまざまな区分が試みられてきた。まずは、そうした方法を紹介する。

(1)中心建物の配置により区分する方法　官衙にせよ邸宅にせよ、大規模な宅地には必ず、その中心となるひときわ大きな建物が存在する。邸宅であれば、それは主の住まいであり、官衙であればその責任者が執務を行う場所である。住まいと執務室とでは、当然そこに何らかの違いが現れるはずであり、そうした中心建物の配置を検討することにより、両者を区分しようとする方法である（図36）。

雁行型…二棟の掘立柱建物が、柱筋をやや違えながらも、棟方向をほぼ揃えるもの。

L字型…二棟の掘立柱建物が、棟方向を直交させて、近接するもの。

並列型…二棟の掘立柱建物が、中軸線を一致させながら前後に並行するもの。

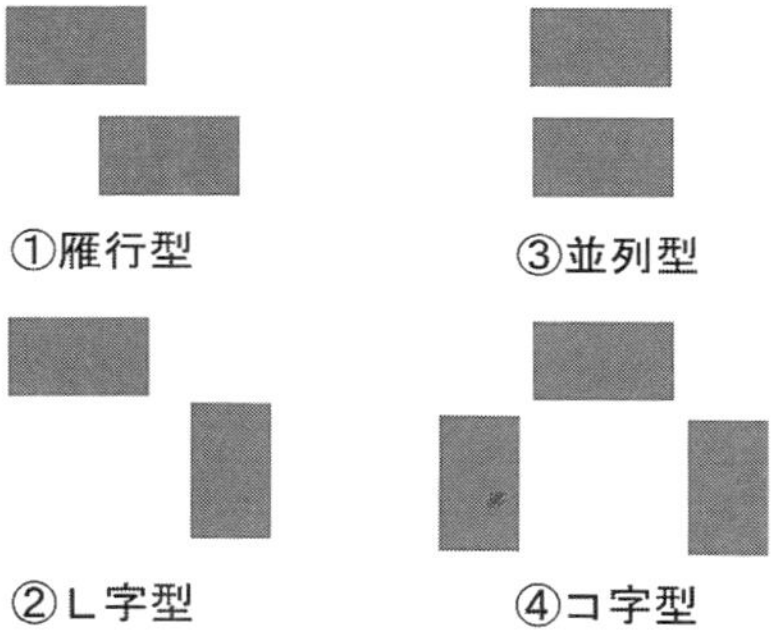

図36　建物配置による分類

コ字型…主屋の中軸線を挟んで、その全面に二棟の建物を対称に配置するもの。

このうち、コ字型は内裏正殿部分や官衙政庁の配置に合致することから、宅地ではなく官衙とする考え方である。

(2)内郭構造による区分　これも先の方法と共通する考え方で、建物が左右対称であるか、そうでないかによって、官衙と邸宅の違いがあるという考え方である。宮内の施設や地方に置かれた官衙の建物配置などの特徴を官衙固有のものと見、官衙とは建物が計画的に整

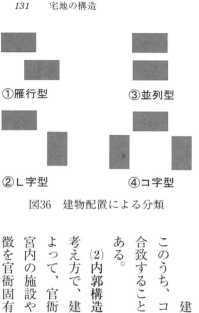

然と配置されるという考えによるものである。

これ以外にも瓦葺建物をもつものは官衙であるという考えもあったが、長屋王邸や推定舎人親王邸の事例から、これは当たらない。また、建物配置についても、長屋王邸の配置は、計画性が高く建物配置という点だけでは、後の皇后宮との違いは見いだせない。

また、今までの官衙についての考え方は、コ字型配置を目安とするなど、格式の高い施設のみを想定している。しかし、「平城京に家をもつ人々」で述べたように、京内に置かれた官衙の中には、各省庁の出先機関や、現業部門が独立したものもあり、こうした目安だけでは、官衙と邸宅を区分することはできない。そのため、建物配置のみで官衙と宅地を区分するのは危険であり、最終的にはそれぞれの宅地の構造に立ち返って個々に検討し、実例を積み重ねる必要があると考える。

よって、ここでは建物配置などから、官衙と邸宅を区分するという方法ではなく、現時点で官衙の可能性が高いとされている施設の内容を検討することにより、立地や遺構の変遷も含めた検討から、官衙の特徴を抽出することによって、官衙に共通して見られる特徴とは何かということを明らかにしたい。

遅れて造られた官衙

現状で京内官衙の可能性が高いとされるものには、左京三条一坊七坪がある。平安京との比較からこの場所には官僚育成のための施設である大学寮があったと考えられている。発掘された遺構の特徴として次のことが指摘されている。

①遺構密度が低く建て替えが少ないこと。

②小規模建物が多いこと。

③これらの建物の成立が奈良時代中頃であり先行する遺構が極端に少ないこと。

特に③は、この場所が宮に近い一等地でありながら、長い間利用されることなく、空き地に近い状態であったことを示している。官衙建設予定地として、他の利用を制限していたのだろうか。

　これとよく似た特徴を示す施設は、左京二条二坊十一坪、同十二坪でも認められている（官衙説・離宮説・邸宅説などがある）。このふたつの坪で見つかった施設は、ともに中心建物を回廊状の施設あるいは脇殿ふうの建物で囲み、総瓦葺建物を有している。また十二坪では「相撲所《すまいどころ》」の墨書土器が多量に出土している（図37）。

　施設の構成や内容は、先の三条一坊七坪の事例とは大きな違いを見せるが、建物が造られるのは遷都後一〇年以上経過してからであり、それ以前は空き地であったという点、建

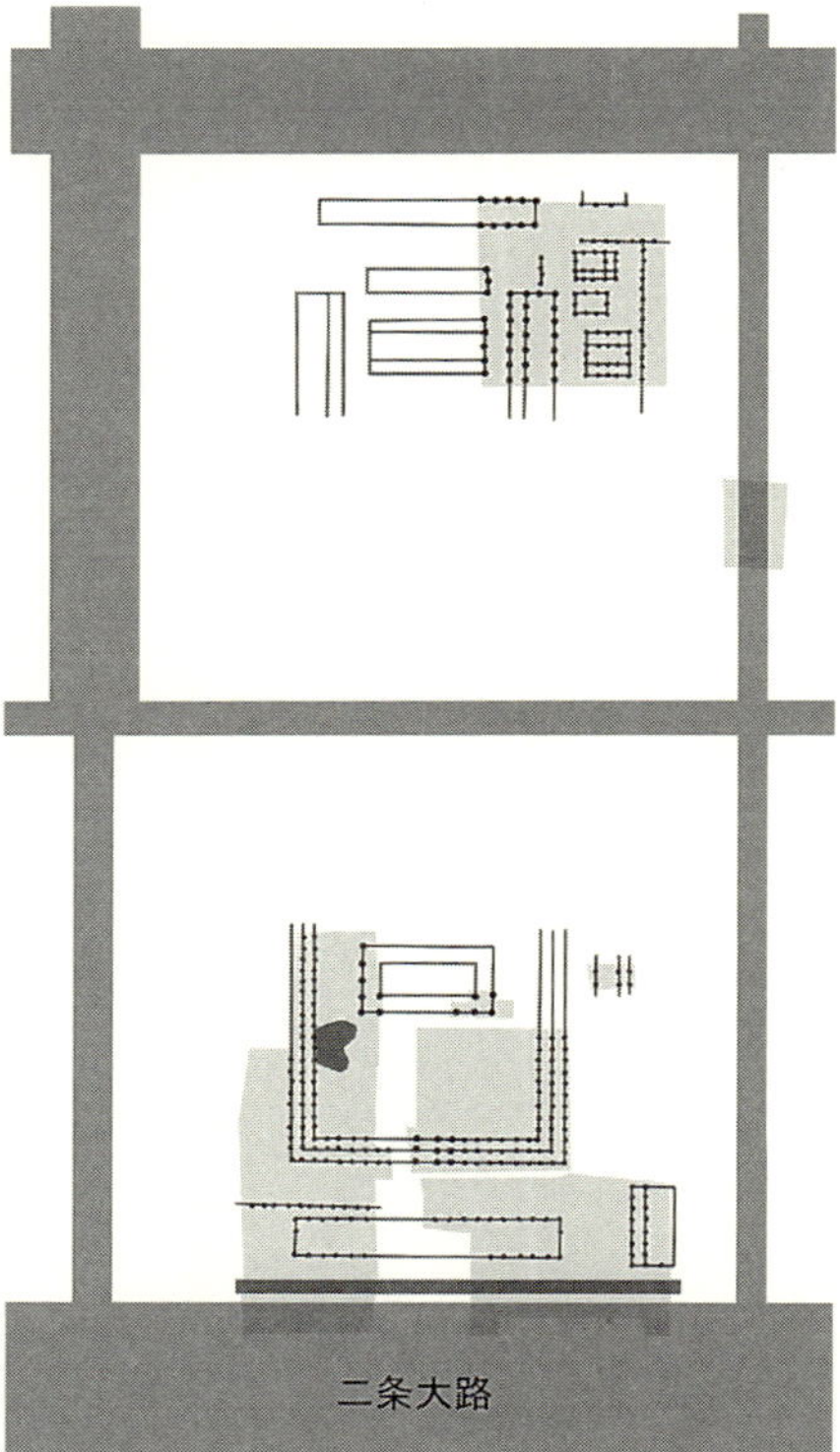

図37　左京二条二坊十一坪・十二坪
（『平城京左京二条二坊十二坪発掘調査概要』奈良文化財研究所，1997年）

て替えが少なく、基本的な建物配置は変わらないということ、廃都まで継続利用されていることが共通する。これは、先に見た宮周辺における邸宅が、遷都後まもなく造られていることと対照的であり、両者の違いは明らかである。

平城宮の中心建物である大極殿《だいごくでん》は、出土木簡の検討から、遷都時は未完成であったことがわかっている（渡辺晃宏『平城京一三〇〇年全検証』）。こうした宮中枢の施設でさえ、建設が遅れていたのだから、宮の外に置かれる予定の官衙の建設も遅れたのだと考えられる。その結果、官衙建設予定地は遷都後もしばらくの間空き地として残されたのだろう。

このように考えれば、宮周辺において、一定期間空き地であったところに突如として造られた施設は、官衙である可能性が高いということになる。

遷都当初からの官衙

一方、遷都当初に成立したものの中にも、官衙と考えられるものもある。左京三条一坊十五・十六坪がそれで、中心建物を取り囲む四つの掘立柱建物からなる中心部を持ち、その周辺には小規模建物が広がっている。中心部の建物配置は、奈良時代をつうじて変わらず、その真ん中にあるもっとも大きな建物は、ある時期に掘立柱建物から礎石建物に建て替えられている。

瓦や塼《せん》というレンガの出土が目立ち、総瓦葺きの建物が存在したと考えられる。官衙とする見方は、大方の了解を得られていると考えるが、具体的な施設の名は示されていない。ここでは、成立時期が先の三例よりも早いという点が相違点としてあげられるが、建物配置が変わらないこと、奈良時代をつうじて継続的に利用されていることなどが共通する。

なお、この施設がいち早く造られているということは、それだけ重要な施設でありながら、施設の性格上、宮内に設置するわけにはいかない施設であると考えられる。現在、この施設については、天皇が行幸するための離宮であったとする見方もあるが、宮本体が完成していないのに、こうした離宮が造られるとは考えにくい。そうなると、左京職《さきようしき》や和銅四年（七一二）に設置された都亭《とてい》駅《のうまや》など、都市としての機能を果たすために不可欠な官衙が候補としてあげられよう。

建物配置から官衙の可能性が指摘されている宅地

これらに対し、遷都時は、通常の宅地として利用されたものが、後に官衙とされたと考えられるものもある。それが左京五条二坊十四坪である。当初は、左京三条四坊七坪の事例と同様、坪を南北に二分割し、北半をさらに東西に分割するものであり、内部にはそれぞれ小規模な建物が存在するという典型的な小規模宅地であった。それが奈良時代後半になって、三面庇の建物が造られ、のちにこの建物を中心として整然とした建物配置が見られるようになる（図38）。このような建物の配置は官衙の典型とされるものであり、この形態は廃都時まで踏襲されている。また、平城宮から出土する瓦と同じ文様の軒瓦が多数出土している。

これらが、官衙の可能性が指摘される事例であるが、共通して言えることは、敷地面積は一町以上で、基本的な建物配置は施設が造られてから廃絶するまでの間は、ほとんど変わらず、平城廃都まで継続するという点である。

一方、これらの要件を満たさない官衙も存在する。長屋王旧邸に造られた皇后宮がそれであるが、これは光明皇后の邸宅とも言えるものであり、他の官衙とは区別すべきだろう。このほかにも先の要件を満たさない官衙の例として、左京五条四坊十坪、十五坪があげられる。これらの宅地は、奈良時代後半に成立し、その後、頻繁に建て替えが行われるなど、他の官衙と思われる事例とは明らかな違いを見せている。ともに築《つい》地塀《じべい》を有し、十五坪では大路に門を開いているので邸宅とすれば三位以上の人物が住んでいたということになる。しかし、いずれも一町規模になった当初は、邸宅の主人が住むような大規模な中心建物が認められないことから、邸宅とも考えにくい。

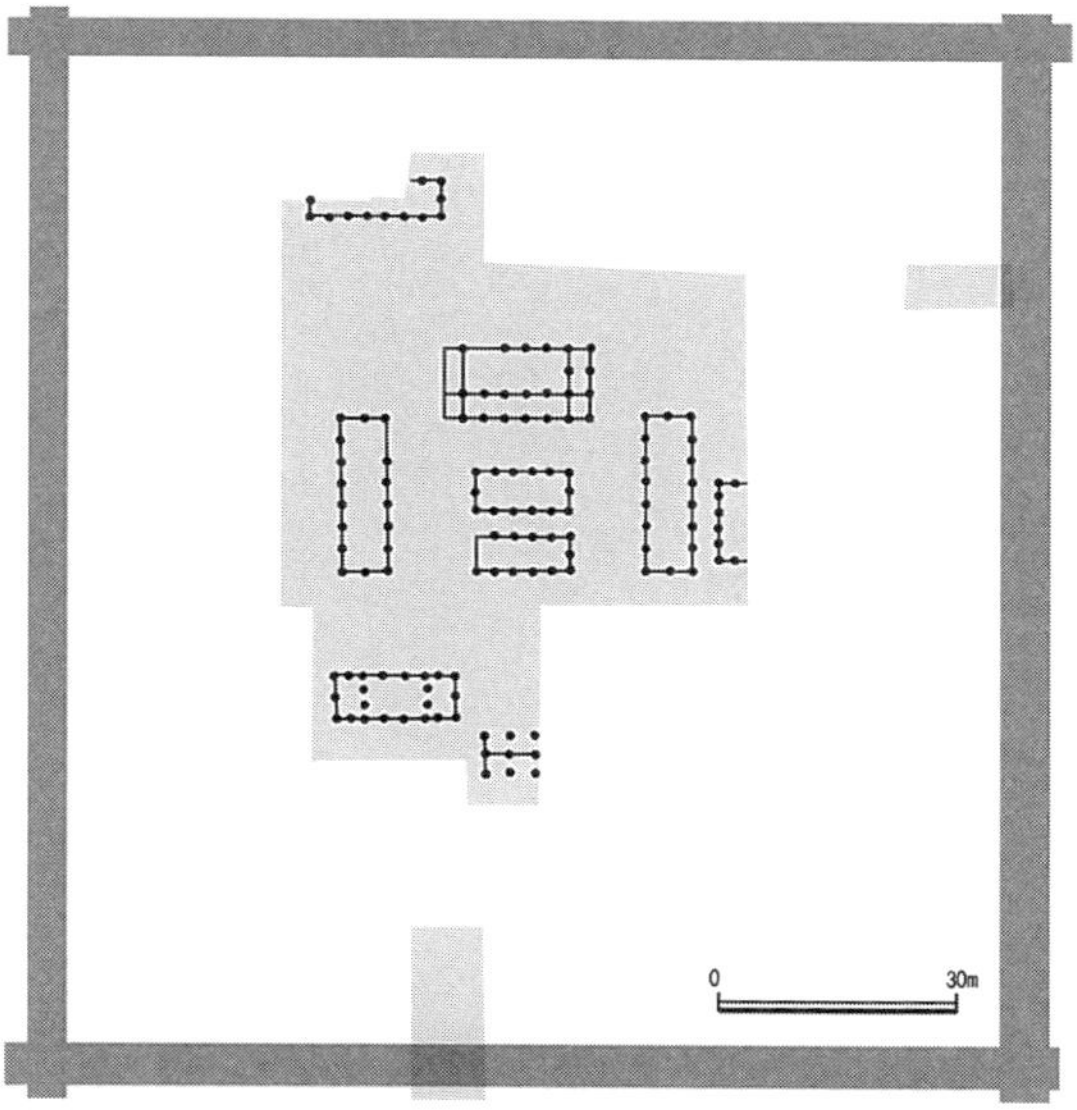

図38　左京五条二坊十四坪（奈良市概報，昭和54年度）

　このようにこのふたつの坪で見つかった施設は、これまで見た官衙にも邸宅にも当てはめにくい特異なものであると言える。

ここで注目されるのが、これらの坪は播磨《はりま》国調邸《ちょうてい》の可能性が指摘されている、五条四坊八・九坪に近接していることである。調邸の構造はよくわかっていないため、このふたつの坪を調邸とする明確な根拠は今のところないが、その可能性を考慮しておく必要はあるだろう。

京内官衙の共通点

これまでの検討から、現在まで官衙の可能性が指摘されている施設について、基本的に共通して言えることは、

①成立後、平城廃都まで施設が継続する。

②少なくとも、中心となる施設の建物配置は不変である。

③一町以上の規模の敷地を有する。

という三点である。

もちろん、この条件を満たす邸宅も存在することから、官衙と邸宅とを区分する決定打とはならないが、少なくとも、先に見た皇后宮などの個人の邸宅と同様の性格のものや諸国の調邸を除けば、この三つの要件を満たさないものは、官衙ではないと言えるだろう。より具体的に述べるならば宅地面積が縮小する場合や中心建物の配置が大きく変更されているような施設は、官衙ではないということになる。

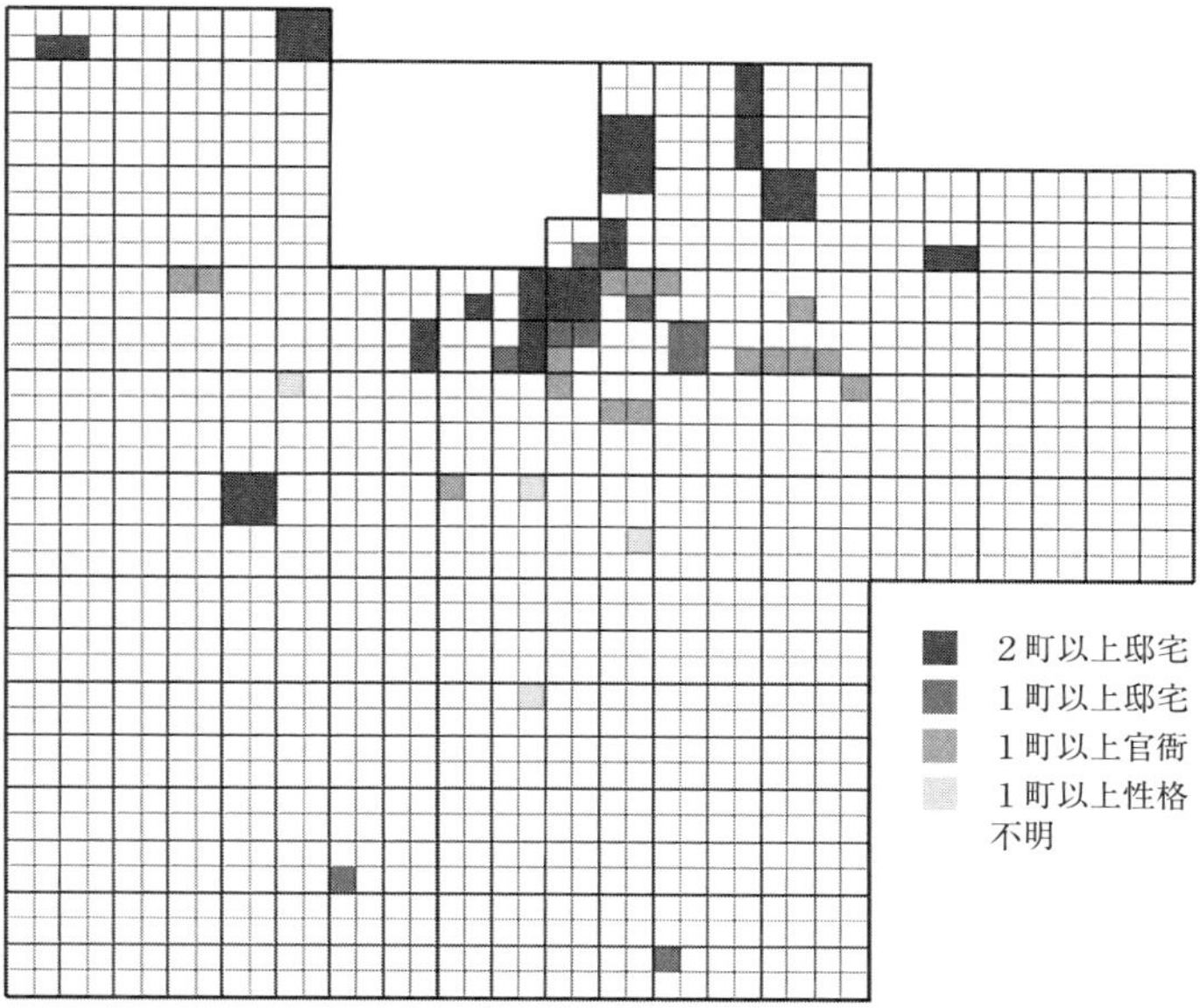

図39　大規模宅地の分布と施設の性格

このような限定をすれば、先にとりあげた一町規模を超える大規模宅地の中で、官衙でないものは、次のとおりとなる（図39）。

左京一条三坊十三・十四坪、左京二条四坊一・二・七・八坪の当初の形態、左京三条一坊十二坪、同十三・十四坪、左京三条二坊三坪、同六坪、同十五坪、左京三条三坊三・四・五・六坪、同八・九坪、左京三条四坊四坪、同十二坪、左京四条二坊十・十二坪、左京五条一坊一・八坪、同十三・十四坪である。

官衙と邸宅の区分がある程度できたことを受けて、ここで改めて一町を超える大規模宅地の分布を見てみよう。これまで言われてきたように、大規模宅地は五条大路以北に集中するという傾向は、おおむね了解できるが、こうして改めて大規模宅地の分布を見てみると高位の人物ほど宮に近い場所に宅地を与えられたとは言えないことがわかる。

高位の人物にはどういった場所が与えられたか

たとえば、二町規模以上の邸宅が一町規模の邸宅よりも、宮に近いかといえば、そうではない。長屋王邸や不比等邸のように宮に近接するものがあるが、新田部親王邸や推定舎人親王邸は、一町規模の邸宅が集中する範囲の外側に位置している。二町規模の邸宅については、一町規模のものと混在するなど、規模の違いは宮との距離と必ずしも対応していない。

また、一町規模の邸宅には、遷都時からのものと、遷都後一定の期間を置いてから一町規模の宅地として利用されているものもある。たとえば左京四条二坊一坪は、市原王《いちはらおう》邸と考えられている宅地であるが、遷都当初は小規模な建物が点在しているにすぎない。大規模宅地とされている事例の中にも、遷都時にさかのぼれば、利用が認められないものや小規模宅地であったものもあり、単純に一町規模の邸宅という括りで遷都時の宅地班給のルールを論じることはできない。

このように、大規模宅地の分布状況については、単純に平城京の条坊のどこに所在するかという点だけでなく、時期ごとの違いやその宅地の形状など、さまざまな視点で検討する必要がある。よって、次に平城京の造営と宅地という観点から話をしたい。

平城京の造営と河川整備

平城遷都と造営過程

平城京への遷都は慶雲四年（七〇七）から審議され、和銅元年（七〇八）二月十五日には、元明《げんみょう》天皇により遷都の詔《みことのり》が出され、同年九月十四日には天皇が菅原の地に行幸《ぎょうこう》、同三十日には阿倍朝臣宿奈麻呂《すくなまろ》と多治比真人池守を、平城京を造営するための長官に任命した。そして同年十一月七日に菅原にある九十余家を引っ越しさせ、それぞれに布と穀を与えたとある。この引っ越しをもって、宮の造営工事が本格的にスタートしたようで、それからわずか一年四ヵ月後の和銅三年三月十日、遷都が行われた（表9）。

このように平城京への遷都は、短期間のうち、非常にあわただしく行われたのであった。主な建物は藤原京のものを解体して、陸路や運河をとおって平城の地に運ばれ、組み立て

表9　平城遷都関連年表

年月日		主な出来事
慶雲4年(707)	2月9日	王及び五位以上の者で遷都の審議がされる
和銅元年(708)	2月15日	遷都の詔
	3月13日	大伴手拍を造宮卿に任じる
	9月14日	元明天皇，菅原に行幸
	9月20日	天皇，奈良に巡幸し地形を見る
	9月27日	天皇春日離宮に至る．添上，添下の二郡の今年の調を免じる
	9月30日	阿倍宿奈麻呂と多治比池守を造平城京司の長官に，中臣人足，小野広人，小野馬養を次官に，坂上忍熊を大匠に任じる
	10月2日	伊勢大神宮に平城遷都を告げる
	11月7日	菅原の民，90家余りを移住させ，布と穀を与える
	12月5日	地鎮祭
和銅2年(709)	8月28日	天皇，平城京に行幸
	9月2日	天皇，新京を巡って京の人を労る
	9月5日	天皇，藤原京に帰還
	10月11日	造平城京司に造営中に墳墓が見つかった場合は，供養するよう命じる
	10月28日	遷都による人民の動揺を抑えるため，今年の調と租を免じる
	12月5日	天皇，平城京に行幸
和銅3年(710)	3月10日	平城遷都
和銅4年(711)	9月4日	この頃宮大垣は未完成

直されたのであるが、それでも和銅四年九月四日条には「今、宮の垣成らず、防守備《そな》はらず」とあるので、宮の工事も遅れ気味だったことがわかる。では、碁盤の目と表現される町わりはどうであっただろうか。この工事の進捗状況はよくわからないが、町わりができなければ施設の移築もままならない。おそらく、こうした工事は大勢の人数を集め、一気呵成に進めたのであろう。事実、都の造営のために諸国から集められた

役民が、無事、国に帰ることができるよう配慮する旨の詔が和銅五年（七一二）一月にだされているので、この頃には造営工事のピークはすぎていたと考えられる。

もしかしたら、遷都に係る審議がなされている頃には、すでに測量が進められており、一部、工事に着手されていたのかもしれない。私がそう考えるのは、平城京の造営は、きわめて高度な都市計画に則って行われた形跡が認められるからであり、それは特に京内に流れ込む河川をどのように制御しているかという点にはっきりと現れているのである。

河川を制御する

平城京の条坊道路側溝は、常時一定量の水流があったとする見解と、側溝の多くは土地区画と不定期的な雨水を排水するためのものであるとの見解がある。

発掘調査で見つかる側溝の多くは、常に水が流れていた形跡は認められないことから、その多くは、排水というよりも区画の意味あいが強かったと考えられる。

しかし中には常時、水が流れていた大規模な水路もある。その代表的なものが、西堀河、東堀河であり、西堀河は秋篠川《あきしの》を付け替えたもの、東堀河は佐保川《さほ》から分流するもので、両者はそれぞれ西市、東市の近辺を流れ京内の水運の大動脈として機能していたことが知られている。

このふたつの運河以外にも、条坊道路の側溝の中には、常に水が流れていたと考えられ

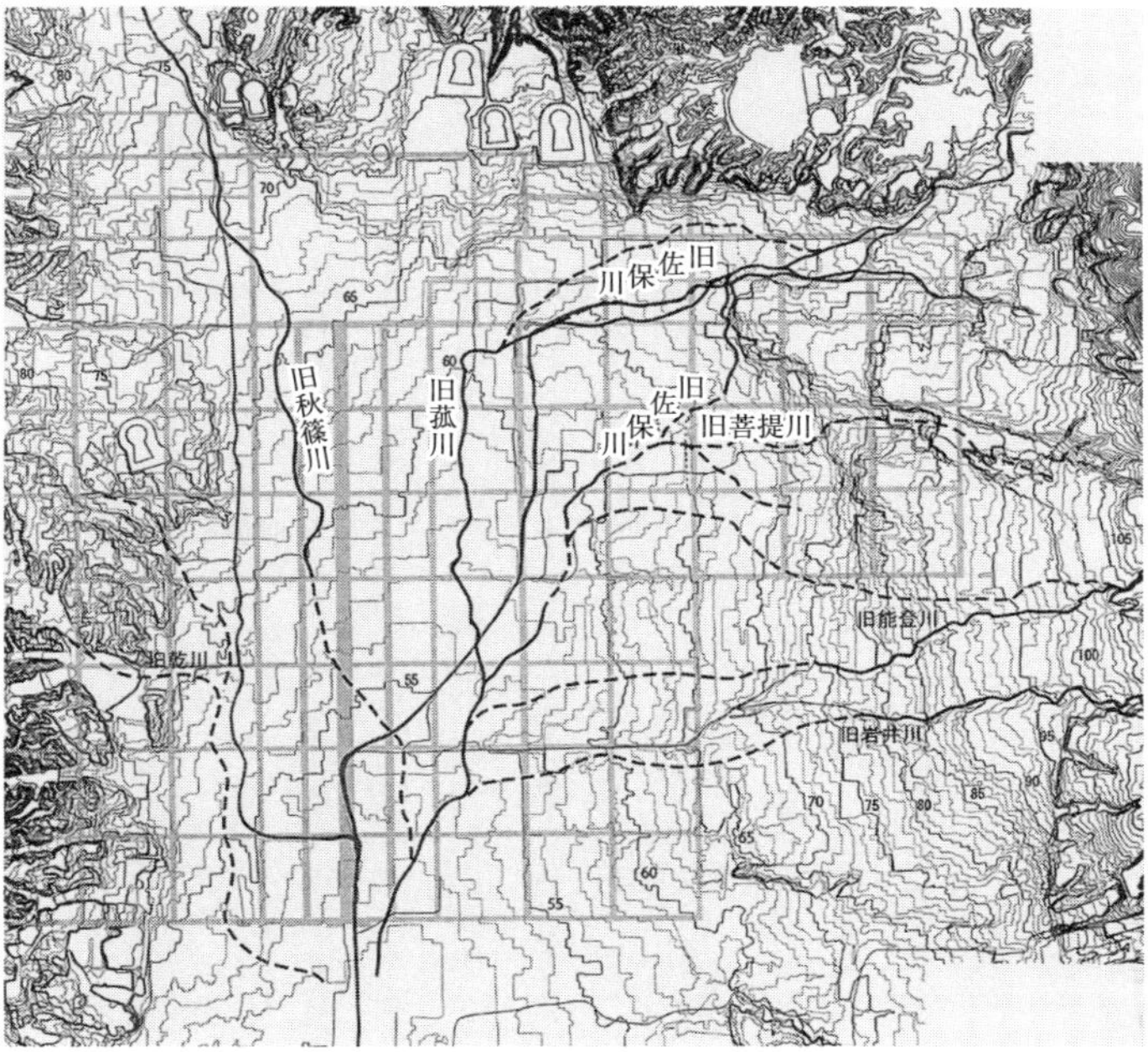

図40　奈良時代以前の河川形状

るものもいくつか確認されるなど、平城京内には、いくつかの基幹水路が存在していたことがわかっている。

　また、平城京内を流れる菰《こも》川、菩提《ぼだい》川も部分的に付け替えられており、さらに発掘調査では、平城京造営以前に複数の河川が存在したことも確認されている。

　重見泰氏は、平城京内でこれまで発掘された河川跡を集成し、検討することによって、遷都前の河川状況を復元した（重見泰「平城京域の河川復元」、図40）。

これによると、平城京には東・西・北から複数の河川が京の中央に向けて流れ込んでおり、それが羅城門の北あたりに集まり、南へと流れていたことがわかる。これは京の中央付近がもっとも土地が低いということである。

こうした起伏のある土地を流れる河川を付け替え、効果的に水を流そうとすれば、あらかじめ土地の高低を測り、どう水を流すかを綿密に計画しておかなければ上手くいくものではない。おそらく、平城京の都市計画は、詳細な測量を行ったうえで設計図を作り、施工されたと考えられる。また、遷都前に複数の河川が京内に流れていたということは、地形も一律ではなく、河岸段丘のような比較的安定した土地もあれば、旧河川に面した湿地のような不安定な土地などさまざまな土地があったことを示している。つまり、建物を造りやすい土地も、大がかりな造成工事を行わなければ、建物を建てられない場所もあったと考えられる。それは、宮に近いか遠いかに関係なく存在した。

たとえば、朱雀門のすぐ南、左京三条一坊付近には大きな谷が存在しており、朱雀大路あたりが周辺よりも低くなっている（図41）。こうした土地はいかに宮に近いとはいえ、建物を建てるには不向きな土地である。逆に左京四条一坊八・九坪付近は、北側を通る三条大路よりも土地が高く地盤も安定しており、建物を建てやすいという条件にある。このように、京内の土地は、地盤が安定した土地と不安定な土地とが入り乱れており、その傾

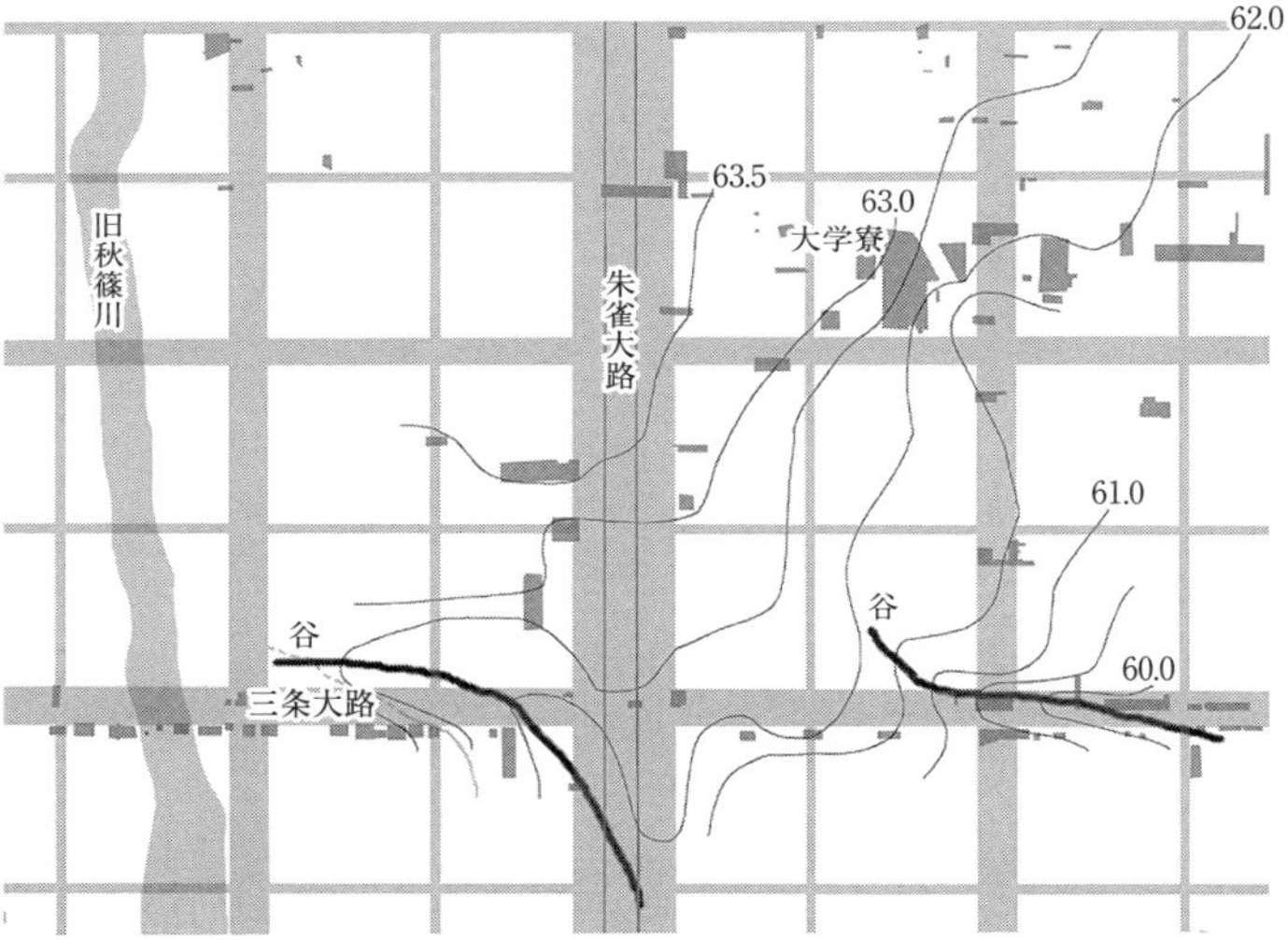

図41　朱雀大路周辺の地形

向は宮に近い場所で顕著に認められる。

こうした土地の状況に加え、平城京の造営の大きな問題は、都市計画の中で既存の河川を制御すること、そして付け替えた河川を、排水や水運などのためにいかに効果的に利用するか、ということにあった。また、平城遷都に伴う多量の資材の運搬には、水運が用いられていたことが次の歌からもわかる。

　　或る本の、藤原京より寧楽宮に遷れる時の歌

天皇《おおきみ》の　御命《みこと》かしこみ　柔《にき》びにし
家をおき　隠国《こもりく》の　泊瀬《はつせ》の川に
船浮《う》けて　わが行く河の　川隈《かわくま》の
八十《やそ》隈おちず　万度《よろづたび》　かへり見

しつつ　玉桙《たまほこ》の　道行き暮らし　あをによし　奈良の京の　佐保川に　い行き至りて
我が宿たる　衣の上ゆ　朝月夜《あさづくよ》　さやかに見れば　栲《たえ》の穂に　夜の霜降り　磐床《いはとこ》と
川の氷凝《ひこご》り　寒き夜を　いこふことなく　通ひつつ　作れる家に　千代までに　来ま
せ大君よ　われも通はむ

（『万葉集』巻一－七九）

河川の付け替えと水路の整備

ここで重見氏が復元した平城京造営後の河川に、発掘調査で確認された常時水が流れていたと考えられる水路を重ねてみよう（図42）。この図を見れば一目瞭然であるが、人工的な河川や基幹水路は左京に多く認められることがわかる。また、東西堀河はそれぞれの市の横を流れるようになっており、これらが運河として利用されていたことも想像できる。そう言えば、先に見た一町を超える大規模な宅地は、右京よりも左京に多いという傾向が見られたが、基幹水路の配置も左京に手厚く、右京は散漫であると言え、大規模宅地の立地と基幹水路の配置との間に、なんらかの関係が認められそうである。

この話はもう少し後にとっておくこととして、あとしばらく基幹水路と河川について見てみよう。河川を含む基幹水路の中には、平城京が廃絶した後も、河川として機能しているものと、廃都後に一気に埋没したものがある。前者は秋篠川・佐保川・菰川といった河川に加え、東三坊大路側溝、四条条間路側溝などの例がある。後者には東堀河（図43）、

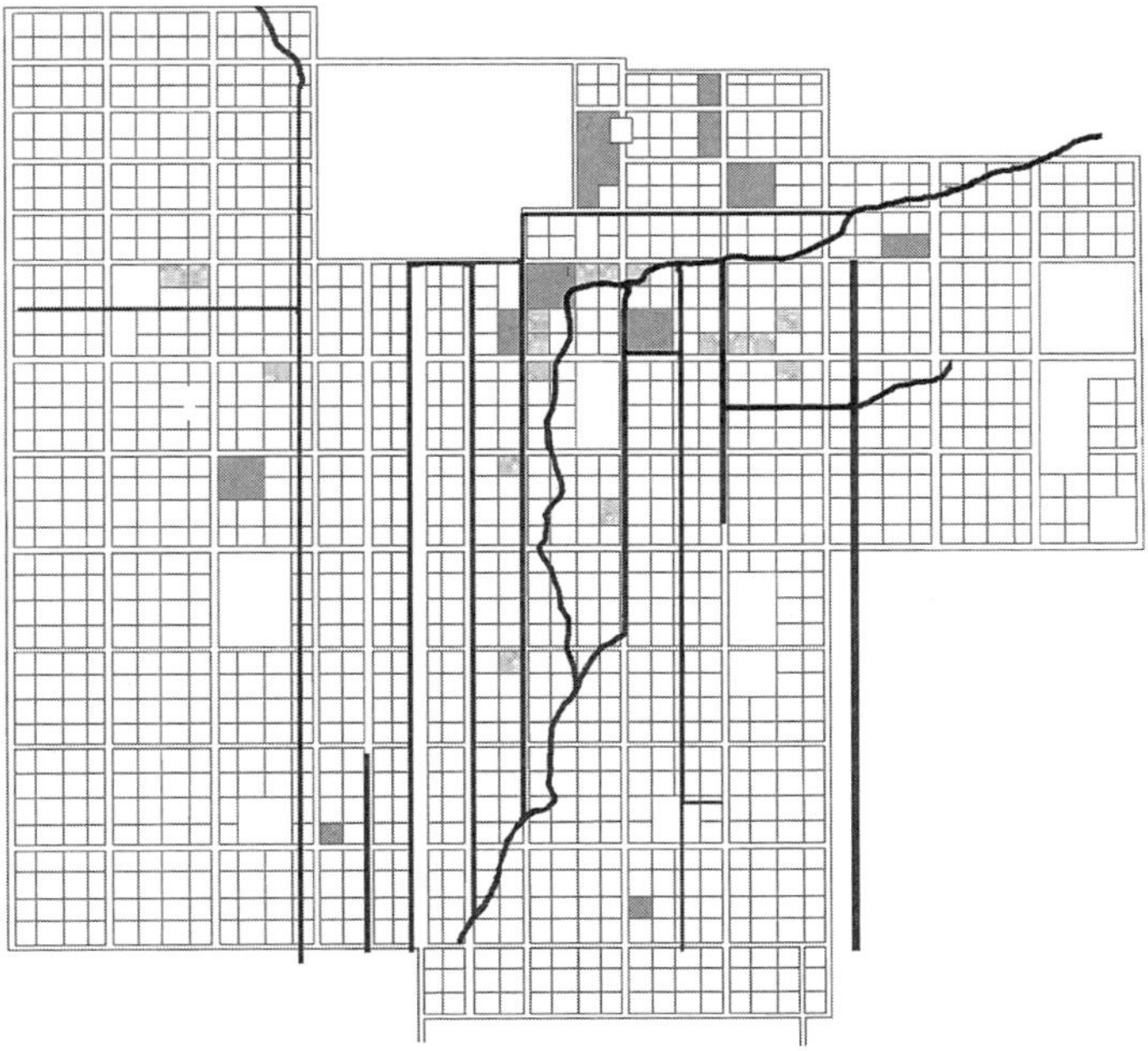

図42　平城京の河川と基幹水路

東一坊大路西側溝、東一坊坊間路西側溝がある。

廃都後の河川は管理が行き届かなくなったと考えられるが、管理されなくなっても廃絶しないものと廃絶するものとの違いは、自然にまかせて水を流した場合に、水が集まる川と水が流れなくなるものとがあったということになる。言い換えれば、後者の水路は人為的に水を引き込んだ水路ということができるのではないかと思う。意図的に水を引き込む理由としては、当

図43　発掘された東堀河（橿原考古学研究所提供）

然ながら一本の水路だけだと、大雨などにより溢れかえる危険があるため、水を分散するために設けたという理由や、深い溝を掘ることにより地下水を集め、周囲の土地を乾燥させるという目的もあるだろうが、水を流すことにより、水路を水運の便に利用することが可能になるという点があげられる。

先の歌にも見えるように、平城遷都のさいには、水運による物資の輸送が行われたことが知られ、佐保川がその役割を果たしていたこともわかっている。そうした利用が、基幹水路でも行われていた可能性は考える必要があり、あえて複数の基幹水路を設けた理由として水運を利用するという意図があったと考えたい。

なお、先にも述べたように基幹水路以外の道路側溝は、常時水が流れていたのではなく、雨が降ったときにだけ水が流れるといったものであった。古代の都城ではしばしば、道路側溝は排泄物やゴミを捨てていたという話もあるが、これは側溝に常時、水が流れていたというイメージによる話であり、少なくともそうした側溝は限られていた。また、そのような側溝の幅は四メートル以上、深さも二メートル程度と大規模であり、発掘調査では水路の管理が行われなくなってから捨てられた遺物は多数出土するものの、それにさかのぼる遺物の出土は少量である。

このことから基幹水路は常に管理が行き届いており、ゴミの不法投棄は側溝を埋め立てるなど、基幹水路そのものに大規模な改変が加えられる場合を除けば、行われていなかったと考えられる。

洪水に備える

平城京の造営のとき、もっともその制御に苦労したと考えられる河川は、菩提川である。この川は春日山に源を持つ川で、現在は見落としてしまうくらいの小さな河川であるが、ＪＲ奈良駅の東方には、この河川によって形成された大規模な扇状地が認められる。奈良時代も、普段はさほど水量の多くない川であったと思われるが、いざ大雨が降るとたちまちその姿を変え、春日山から集めた水を一気に京まで運び込んでしまうほどの暴れ川であった。

都の東から時折流れ込む激流を制御するために、平城京の都市計画を行った技師が考えた方法は、三段構えの河川制御であった。平城京は東に外京という張り出しをもっており、張り出し部の境を通る道路が東四坊大路である。この道路の中心から東へ約一三三メートルの地点には、東五坊坊間西小路という道路が造られている。この道路の東側溝の幅は、一三メートルにも及んでいる。道路幅が六メートルなので、その倍以上の側溝をもっているということであり、この幅は平城京の道路側溝の中では最も広い。そしてこの側溝の痕跡は南にも点々と残っており、近年までその一部は池として残っていた。しかし、この側溝は幅が広いわりに深さはさほどでもなく、深いところでも一メートルに満たない。また堆積した土を見ると、たまに水が流れた痕跡が認められるが、普段は湿地のような状態であったと考えられる。

東五坊坊間西小路の造りかたも、他の道路とは異なっている。この道路は周囲よりも一段高くなるように、盛り土をして造られていたようである。それに、この道路の両側の宅地は、奈良時代をつうじて遺構の密度が散漫で、特に旧菩提川とこの道路が交わる四条五坊一坪から三坪、六坪から八坪は、奈良時代の遺構が皆無といってよいほど見つかっておらず、奈良時代に人が住んだ形跡がないのである。

こうした特異な状況は、菩提川の河川制御が深くかかわっていると考えられる。東五坊坊間西小路よりも東の菩提川は付け替えられていないが、この道路を境に四条条間路に沿うように東西方向に付け替えられている。菩提川が氾濫したときに、東五坊坊間西小路は、それを止める堤防の役割を果たし、ここで一旦堰き止められた水は、東側溝を流れ京外へと排水される。それでも、水が溢れかえる場合を見越して、周辺の宅地は誰にも与えなかったのではないかと私は考えている。

つまり、堤防で堰き止め、側溝で排水し、それでも間に合わない時に備え周辺には人を住ませないという、三段構えの治水措置がとられていたと考えられるのである。なお、こ

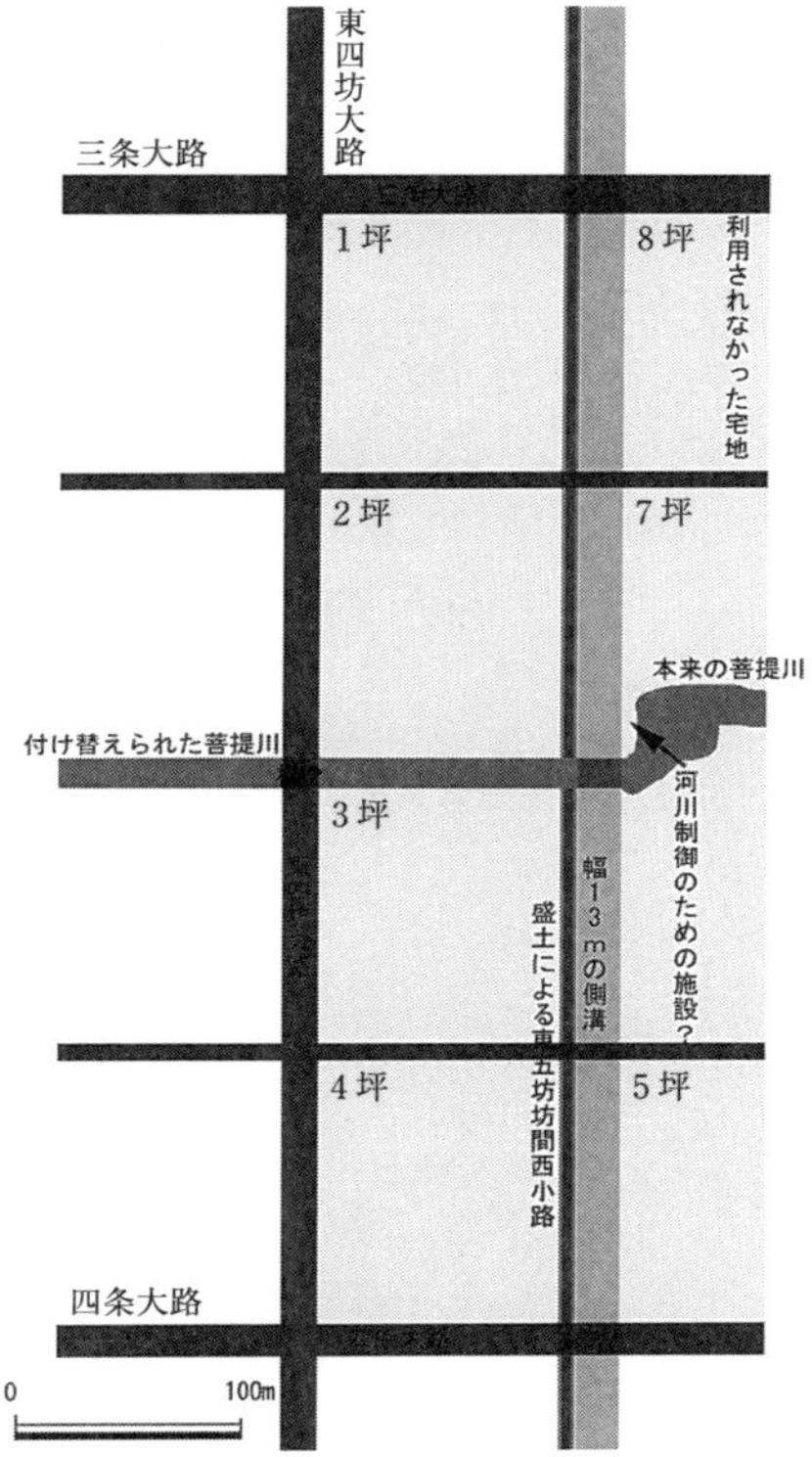

図44　菩提川の制御

の治水は奈良時代の間は十分に機能していたようであるが、平城廃都後には機能しなくなり、菩提川の水は東四坊大路の路面を大きく浸食し、さらに西へと流れたようである。この例からもわかるように、平城京の造営や宅地の班給にさいしては、防災面までも考慮されていた可能性があるのである（図44）。

遷都当初の大規模宅地と水路

平城京を発掘しても、遷都当初の遺構や遺物が見つかることは、思いのほか少ない。また、見つかる場所もきわめて限られている。具体的には左京の三条大路以北、東四坊大路以西、及び東市や西市の周辺といった範囲にほぼ限られている。これは、その他の場所の発掘調査が進んでいないからではなく、発掘調査を行ってもこの時期のものが見つからないのである。

宮の造営が遅れたのだから役人の居住も遅れるのではという考え方もある。しかし、律令制度を円滑に運用するためには、たくさんの役人が必要であり、そういった人々の居住が遅れれば、政務そのものに大きな影響があったはずである。『続日本紀』の記載では、そうした形跡は認められないし、どこに住んでいたかは別にして、遷都当初から役人はしっかりと出勤していたと考えられる。

また、発掘調査成果と史料とが合致しない事例もある。太安万侶《おおのやすまろ》はその墓誌銘から左京四条四坊に住んでいたことが知られている。彼が亡くなったのは養老七年（七二三）であるので、左京四条四坊を掘れば、その時期の邸宅跡が見つかり、太安万侶邸発見という大きなニュースになるはずである。しかし、左京四条四坊はその大半を発掘調査したにもかかわらず、太安万侶邸はおろか奈良時代前半の遺構そのものがきわめて希薄であり、ほとんどの宅地が空き地であったようなのである。

これはいったい、どのような理由によるものか。太安万侶は宅地をもらっただけで、ここには住んでいなかったのか、謎は深まるばかりである。平城京の遷都当初の宅地を考えるうえで、その時期の遺構があまり見つかっていないということは、頭の痛いところではある。このような大きな問題があるということを前提としながら、河川と基幹水路との関係から、一町規模以上の大規模な邸宅の分布を見ていくこととする。

新田部親王邸と推定舎人親王邸は、宮とは一定の距離を保ちながらも、秋篠川・佐保川・東堀河といった基幹水路に面して立地していることがわかっている。そうした目で見ていくと、長屋王邸をはじめとする宮南面の大規模宅地の集中地点には、東一坊大路西側溝、東一坊坊間路西側溝という基幹水路が存在している。また、もう一方の大規模宅地の集中地点である宮東方にあたる左京二・三条一・二坊には、改修された佐保川や菰川が流れ、東三坊大路側溝が流れている。

これらの河川は水運に利用されただけでなく、災害が生じないよう制御された河川でもあった。つまりこうした河川や水路が整備された場所は、都市としてのインフラが整備された場所と言える。遷都当初の大規模宅地は、こうした場所に造られたのであった。

また、菰川の改修範囲は三条大路まで、佐保川の改修範囲は五条大路までと推定されている。後述するように、後に拡大する大規模宅地の分布範囲もおおむね五条大路付近までである。このことも、遷都時に河川改修が行われた範囲は、大規模宅地の分布範囲に合致することを指摘できる。

拡大する大規模宅地の分布範囲

遷都時は三条大路以北の左京に集中して見られた大規模宅地であるが、時期を経るごとにその分布範囲は、拡大する傾向を見せる。特にその傾向が顕著なのは、三条大路沿線と佐保川に沿った五条の地である。

三条大路に面する大規模宅地には、推定舎人親王邸があり、遷都当初はこれが三条大路に面するもっとも東の大規模宅地であった。ところが、その後、三条三坊十三坪、三条四坊五坪といった具合に一町規模の宅地の分布範囲が東へと広がる。先に紹介した藤原是公《ふじわらのこれきみ》の邸宅の可能性がある牛屋の地名も、三条四坊十一・十四坪にある。

ただし、そうした分布範囲の拡大とは逆に、もともとあった三条大路沿線の大規模宅地は、奈良時代後半になると分割される傾向が認められ、推定舎人親王邸をはじめ、三条四坊四坪、十二坪という奈良時代前半からの一町規模の宅地は、奈良時代中頃から後半にかけて細分化される。長屋王邸で見たように、大規模宅地の廃絶が、周辺の宅地にも影響を与えることが見られたが、もしかしたら奈良時代中頃に見られるこのような大規模宅地の拡大と後半に見られる細分化は、当時の政治動向となんらかの関係があるのかもしれない。

また、佐保川沿いでは、左京四条二坊十・十五坪に奈良時代中頃に二町規模の宅地が出現する。これらの坪は、藤原仲麻呂の田村第となる場所の一部であり、二町規模の宅地としての利用の開始が、仲麻呂の台頭と同時である可能性もあり注目される。さらに、それに前後して、五条一坊十四坪、十六坪に一町規模の宅地が現れる。

大規模宅地の分布の意味を考える

ここまで見てきたように、遷都当初の大規模宅地は、単に宮との距離だけの問題ではなく、基幹水路の整備という都市としてのインフラ整備とも密接にかかわっていた可能性が認められた。繰り返しになるが、水路が整備されているということは、宅地からの生活排水の問題だけではなく、水運の利用という点でも有利である。また、基幹水路は防災という観点からも計算されたものであったため、安全面の配慮も十分になされていたのであろう。

二町利用の宅地である左京三条一坊十五・十六坪では、中心となる大きな建物の周囲を細長い建物で取り囲むといった計画性の高い建物配置をとっているが、この坪の中心建物は坪の中央ではなく、やや西に中軸を置いている。これは宅地の東を流れる基幹水路（東

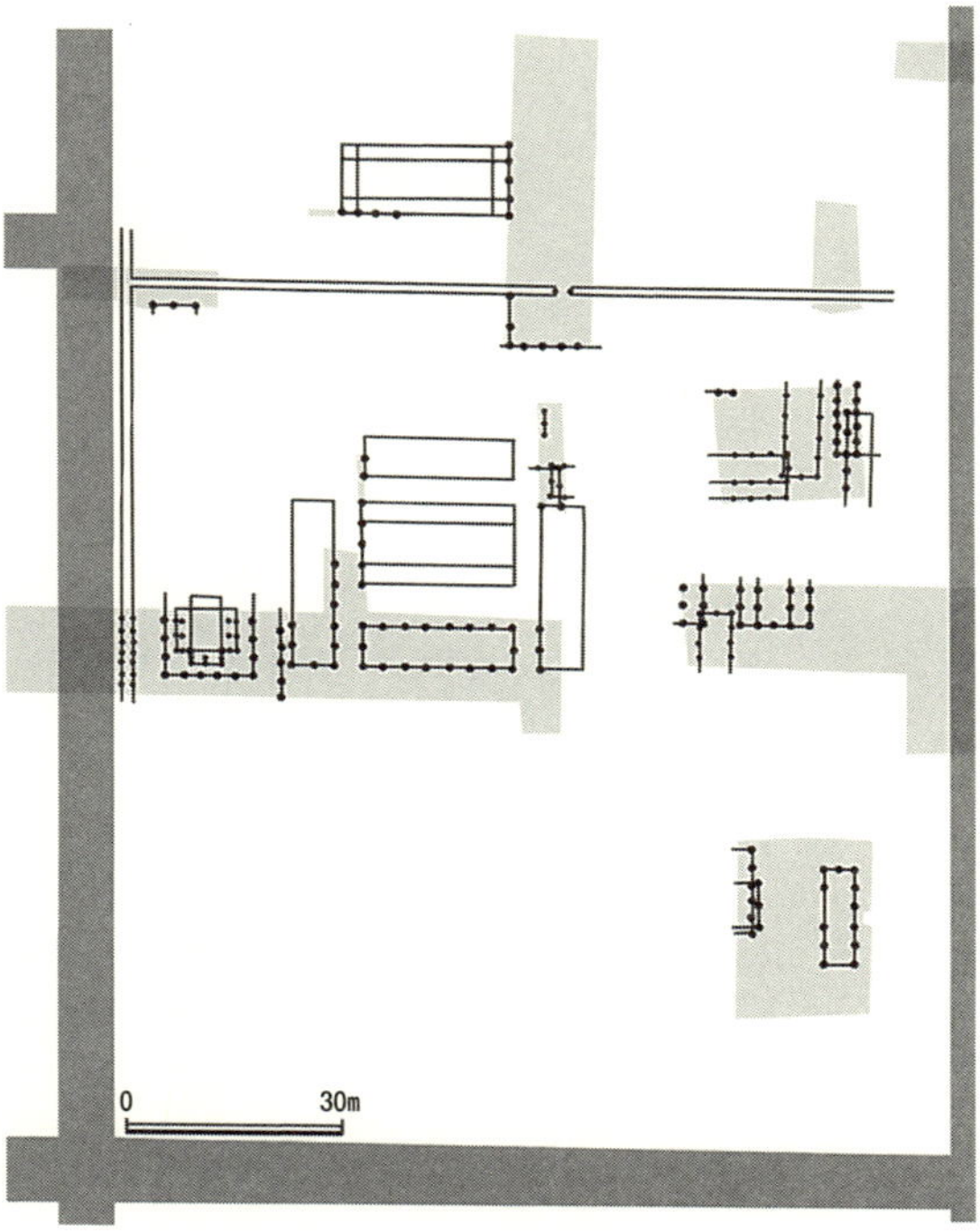

図45　左京三条一坊十五・十六坪
(『平城宮跡発掘調査部発掘調査概報』1992年度・1995年度，奈良文化財研究所)

一坊大路西側溝）を利用した水運との関係によるものかも知れない（図45）。

このように平城京の大規模宅地は、単に宮との位置関係だけでなく、基幹水路の整備をはじめとする都市としてのインフラ整備とも関係していることがわかった。ただ、これだけでは解決できない問題もいくつか残っている。次に、冒頭で掲げた問題を改めて整理し、残された問題の解明を試みたい。

平城京の宅地と居住者を考える

平城京の宅地を理解するための仮説

再び長屋王邸の課題へ

長屋王《ながやおう》邸が見つかったことにより、今までの常識を見直さなければならないことを「平城京に家をもつ人々」で述べ、その解明に向けて史料や発掘調査の成果を見てきたが、それではここまで、最初に掲げた問題について、どの程度見解を示せたのか、ここでおさらいしてみよう。掲げた問題は、次の六つである。

①当時の有力者の邸宅は一ヵ所とは限らないこと。
②遷都時の位階が高ければ高いほど、宮に近い宅地を与えられたとは限らない。
③すべての宅地は相続の対象とされていたとは限らないこと。
④建物配置だけで、邸宅と官衙を区分できるとは限らないこと。
⑤大規模な邸宅とそれに近接する宅地はなんらかのつながりがあり、もっとも大きな邸

宅の居住者の変更が周辺の宅地になんらかの影響を及ぼすことがあること。
⑥平城京には瓦葺き建物をもつ邸宅が存在し、瓦の需要と供給の関係を追求することにより、居住者の比定につながる場合があること。

①については、房前がふたつの邸宅を有していた可能性があることを指摘し、有力者の中には、位階に応じて本人や父が与えられた邸宅のほかに、職掌に応じて本人一代に限って与えられた「公邸」とも言うべき邸宅をもっていた可能性を指摘した。また某姓ム甲の父のように買得などにより複数の宅地をもっていた者もいた。ただし、公邸が置かれた場所と私邸が置かれた場所との違いについては、もう少し検討を加えなければなるまい。

②については、基幹水路の整備をはじめとするインフラの整備状況が、宅地の班給のさいにも考慮されていた可能性を示し、特に新田部親王《にいたべしんのう》邸と推定舎人親王《とねりしんのう》邸は、水運の便がよいということが、その立地の謎を解く鍵になると考えた。長屋王邸がなぜ従三位なのに宮前面の一等地を与えられたのか、という問題は残るものの、ある程度、課題はクリアできただろう。

③は、公邸を除けば、基本的に個人の宅地は相続される、ということを確認できたと思うが、⑤の課題と併せ、相続されなかった土地についてもう少し踏み込んで検討する必要があるだろう。④はほぼ解決。⑥は舎人親王邸の推定のさいに一定の成果をあげることが

できたと思う。

こうして見ると、残された課題は、最初に示した課題のいくつかを横断するようなかたちになっており、問題の質も複雑である。そのため、ここからは残された課題に向き合うために、いくつかの仮説を立てたうえで話を進めていきたいと思う。仮説を立てるにあたって、これまで触れてこなかった「平城京の宅地はタダで与えられたのか」という問題についても触れなければなるまい。

奈良時代の土地は、たてまえ上はすべて国有地ということになっていた。事実、口分田《くぶんでん》は国民に貸し与えられたものであり、長屋王没後の神亀六年（七二九）三月には、口分田を収公し改めて班給しなおそうとしている。

また、宅地が位階に応じて配分されるならば、本来ならば位階に応じて与えられる位田《いでん》や職掌に応じて与えられる職田《しきでん》のように、当事者に貸し与えられるのが適当であり、受け取った者が、自由に売買してよいというのも、律令のたてまえからすればおかしな感じがする。そして、なによりももっとも疑問に思うのは、これから述べるように、宮を造る場所についてはは、国がもともと住んでいた住民に対し、補償を行っているのに対し、通常の宅地は、もとの住民に、国が補償を行った形跡がないのである。

次なる課題の整理に先立って、まず、このことから見ていきたい。

宮殿建設用地に対する補償

平城宮が造られた場所には、もともと菅原と呼ばれた里があった。宮造営にあたり、もともとそこに住んでいた住民に対しては、布と穀が支給された。これは、移転補償費である可能性も考えられるが、土地の購入の代金だった可能性が高い。

それというのも、藤原京造営、長岡京造営のときも、これと同じような手続きがなされているのである。『続日本紀《しょくにほんぎ》』慶雲元年（七〇四）十一月二十日条には、以下の記事が見える。

> 始めて藤原宮の地《ところ》を定む。宅《いえ》の宮中《みやのうち》に入れる百姓一千五百五烟に布賜《ぬのたま》ふこと差有り。

藤原京への遷都後、一〇年を経過した後に、このような措置が行われたことに対する解釈はさまざまなされているが、宮地を定めたという記事の後に、「宮中に入れる百姓」とあるので、土地に対するなんらかの補償措置と考えられる。また、ここには宮中とあるが、藤原宮の規模は、東西九二四・四メートル、南北九〇六・八メートルで、面積は約八四ヘクタール。そこに百姓の家が一五〇五軒とあるので、単純計算でひとりあたり五五七平方メートル。このように人々が密集して生活する状況は、当時はありえないので、この範囲は、宮あるいは京の中にもともと土地をもっていた百姓の家の数を示すと考えられる。

また、長岡京でも同様の措置が行われたことは『続日本紀』延暦三年（七八四）六月二十八日条に見える。

百姓の私宅《わたくしのいえ》の新京《あらたしきみやこ》の宮内《くうない》に入るもの五十七町に、当国《そのくに》の正税四万三千餘束を、その主《あるじ》に賜ふ。

長岡宮の面積は八〇町であるので、五七町とは宮の建設予定地にあった百姓の土地の面積と考えられる。そうすると長岡宮では二三町が補償の必要のない土地、つまり所有者がいない土地であったこともわかる。また、この記事の四日前には、

勅有りて、新京の宅《いえ》を造らむ為に、諸国《くにぐに》の正税六十八万束を、右大臣以下参議已上と、内親王《ひめみこ》・夫人《ぶにん》・尚侍《ないしのかみ》らとに賜ふ。各差あり。

という記事が見える。太政官の主要構成員と女性に新たに家を造るために、稲を与えたというものであり、同様の措置は天平宝字五年（七六一）十月の保良宮《ほらのみや》造営のときも認められる。ただし、この時は官職により与えられたのではなく、個人の名をあげて稲が与えられている。

このように、新たな都を造るさいには、宮殿建設予定地に土地をもつ百姓に対し、物を与え補償しているのである。また、それと同時に特定の人物に対し、家を建てるための資金を与えていることもわかる。

このことから、平城京における菅原の九十余家に対して与えられた布と穀も、土地の代

金ということになる。ただし、他の例はいずれも、宮内と範囲を限定しているのに対し、平城京の事例はこれらとは少し違う。『続日本紀』の記事を確認してみよう。

菅原の地の民九十餘家を遷す。布と籾を賜ふ。

先の例に見える宮中、宮内という補償する土地の範囲を明示せず、単に九十余家という戸数のみを記していることが大きな違いである。このことは、この時補償を行った範囲が、宮の建設予定地だけに留まらなかった可能性を残している。

宅地はタダではなかった

宮の建設予定地であっても、移転補償を行っているということは、他の土地も入手しようとすれば、もともと住んでいた人になんらかの補償を行う必要があったのは当然であろう。しかし、どの都であっても、国が京全体に対して補償を行ったとは見えないので（藤原京に関しては補償した可能性がある）、実際は、その宅地を与えられた者が、それぞれ補償を行ったと考えるしかない。もちろん、長岡宮で補償されていない二三町のように、誰の所有でもない土地もあっただろうから、すべての宅地の入手に費用が必要であったわけではないが、高級貴族が与えられた土地は、地形的にも安定しているので、遷都以前にも所有者がいたと考えられる。

これらのことから宅地を班給された人々は、もとの持ち主に自らが補償を行うことによって、所有権を獲得し自由に売買できる素地ができたと考えられる。つまり、平城京の宅地班給にあたっては、国は住む場所を斡旋し、面積を定めたのであるが、与えられた者は、その土地の持ち主に補償をする義務があったということになる。

一方で、保良宮や長岡京では、特定の人物に対し、家の建設費用を与えている。長岡京では、太政官の主要人物と主として後宮で働く女性がその対象とされ、保良宮では、藤原仲麻呂、舎人親王の子の船親王と池田親王、正三位大納言の石川年足《としたり》と文室浄三《ぶんやのきよみ》、井上内親王（聖武《しょうむ》天皇の第一皇女）、飛鳥田内親王（舎人親王の娘）、県犬養《あがたのいぬかい》夫人（聖武天皇夫人）、正三位粟田女王（天皇の曽孫《そうそん》）、陽侯《やこ》女王（藤原仲麻呂の室）といった皇族につながる女性が対象とされている。保良宮の方が支給対象は狭いが、いずれも太政官の中心人物と女性という点では共通している。

平城京では、このような記事は見えないが、そもそも宅地班給の記事自体がないのだから、記事が見られないことをもって、このような措置が行われなかったとは断定はできない。もし、同様のことが行われていたとし、国が補償した菅原の地の民九十余家の跡地にこれらの人々が住んだとすれば、移転のために本人が負担するのは、せいぜい藤原京からの引っ越し費用だけということになる。

次なる課題のための仮説

かなり踏み込んで話をしたが、私が平城京の宅地の多様なあり方を理解するために考えている仮説は次のとおりである。

①平城宮周辺には、国がすでに移転補償をすませた土地があり、そこを与えられた者は、タダで土地を手に入れることができた。そして、こういった土地を与えられる者とは、当時の太政官の重要な人物か有力王族、さらにそれらの人物につながる女性であり、そうした人物は宅地だけでなく住宅建設のための費用も受け取っていた。その反面、自ら移転補償を行っていないので、土地の所有権は補償を行った国が有していたため、国により没収される可能性もあった。それこそが、宮周辺のめまぐるしく変遷する宅地である。

②それ以外の場所に宅地を与えられた者は、本来の持ち主に対し補償を行うことにより土地の所有権を獲得することができた。

この仮説が成り立つならば、先に掲げたすべての課題について、一定の答えを出すことができるということになろう。ここからは、この仮説の検証というかたちで話を進めていきたい。

宮殿建設用地と宮周辺の宅地

菅原の範囲

まずは、第一の仮説を検証するために、遷都に伴い国が補償を行った菅原とはどこか、という点について見ていくこととする。その前に、そもそも九十余家分の土地とは、どれぐらいの範囲になるのだろうか。律令では、五〇戸をもって里という行政単位にしていたので、里ふたつ分ということになろうかと思う。

これを単純に面積に置き換えることはできないが、藤原京の場合、戸の大きさにより宅地を与えているので、これを参考に面積を割りだすと、九〇戸すべてを中戸で換算した場合は、四五町分。平城宮は七六町であるので、これには満たないが、里には当然、共有地や耕地も存在しただろうし、何より五〇戸がひとつの場所に集まっていたわけではなく、二、三の集落に分かれていたと考えられるので、むしろ宮よりも広い範囲を対象に補償した可能性がある。また、長岡宮の例のように、補償する必要がない土地もあっただろうから、この数字だけで判断はできない。重要なのは、補償の対象となったのは複数の集落にまたがっているということである。つまり、宮とその周辺で見つかる複数の集落跡が補償により純然たる国有地になった可能性が考えられるということになる。

次に菅原の範囲について見ていきたい。現在の菅原は、秋篠川以西の範囲に限定されるが、平城遷都以前は、宮地の一部を含む広大な範囲を指していたと考えられる。現在の奈良市宝来町四丁目には、菅原伏見西陵があり、奈良市あやめ池には、菅原池に比定されている蛙又池《かえるまたいけ》があるなど、菅原の範囲はかなり広域に及ぶ。では、当初の補償の対象となった菅原の範囲とはどこを指すのであろうか。これについては、地名・地形からの検討と、遷都以前の遺跡分布範囲から検討する必要がある。まず、地名・地形からの検討から行うことにする。

遷都以前の菅原の範囲を考えるうえで注目すべき点は、現在の菅原の東端部分の町境の形状である。菅原町と東接する横領町との町境は、平城京の条坊にあてはめると、西二坊大路に沿って、ほぼ南北に伸びている。横領町は江戸時代に超昇寺村から分村したものであるが、町境が条坊に規制されている事実は認めてもよいだろう。このことから想像すると、菅原の地は、現在の町境以東に広がっていたものが、条坊施工に伴い、範囲を縮小した可能性を指摘できる。このことから、少なくとも西二坊大路と宮とに挟まれた二条大路以北の右京二坊は、当初の菅原の範囲に含まれていた可能性が考えられる。

菅原の北限は、佐紀との関係から考えることができよう。佐紀は、佐紀陵山古墳（狭木《さき》之《の》寺間《てらまの》陵《みささぎ》に治定）や佐紀石塚山古墳（狭城盾列池後《さきのたてなみのいけじりの》陵《みささぎ》に治定）などの所在からも推定することができる。佐紀は『古事記』や『日本書紀』にもその名が見える地名で、遷都以前から存在していた地名であった。現在の佐紀は、平城宮から松林苑《しょうりんえん》にかけての範囲であるが、古墳の分布などから考えると、古代では現在の山陵町を含み、歌姫町や法華寺町をも含む、広域に跨っていたと想定される（図46）。

平城京ができる以前の集落の分布

次に実際の遺跡の分布から、検討してみよう。朱雀門《すざくもん》付近で奈良文化財研究所が行った発掘調査では、下《しも》ツ道《みち》の両側溝が発掘されているが、西側溝からは、遷都直前の多量の土器とともに、木簡が出土している。その木簡の中に「大野里」という里名を記したものがある。いっしょに出土した土器が官衙などで使われるような上質のものではなく、当時の農村集落のものに類似することから、建物跡は検出されていないものの、朱雀門付近に平城宮造営に伴って移転させられたひとつ目の集落「大野里」があったと考えられる。

またもう少し視野を広げて、宮周辺の平城遷都以前の遺跡の分布範囲を見ると、菅原寺

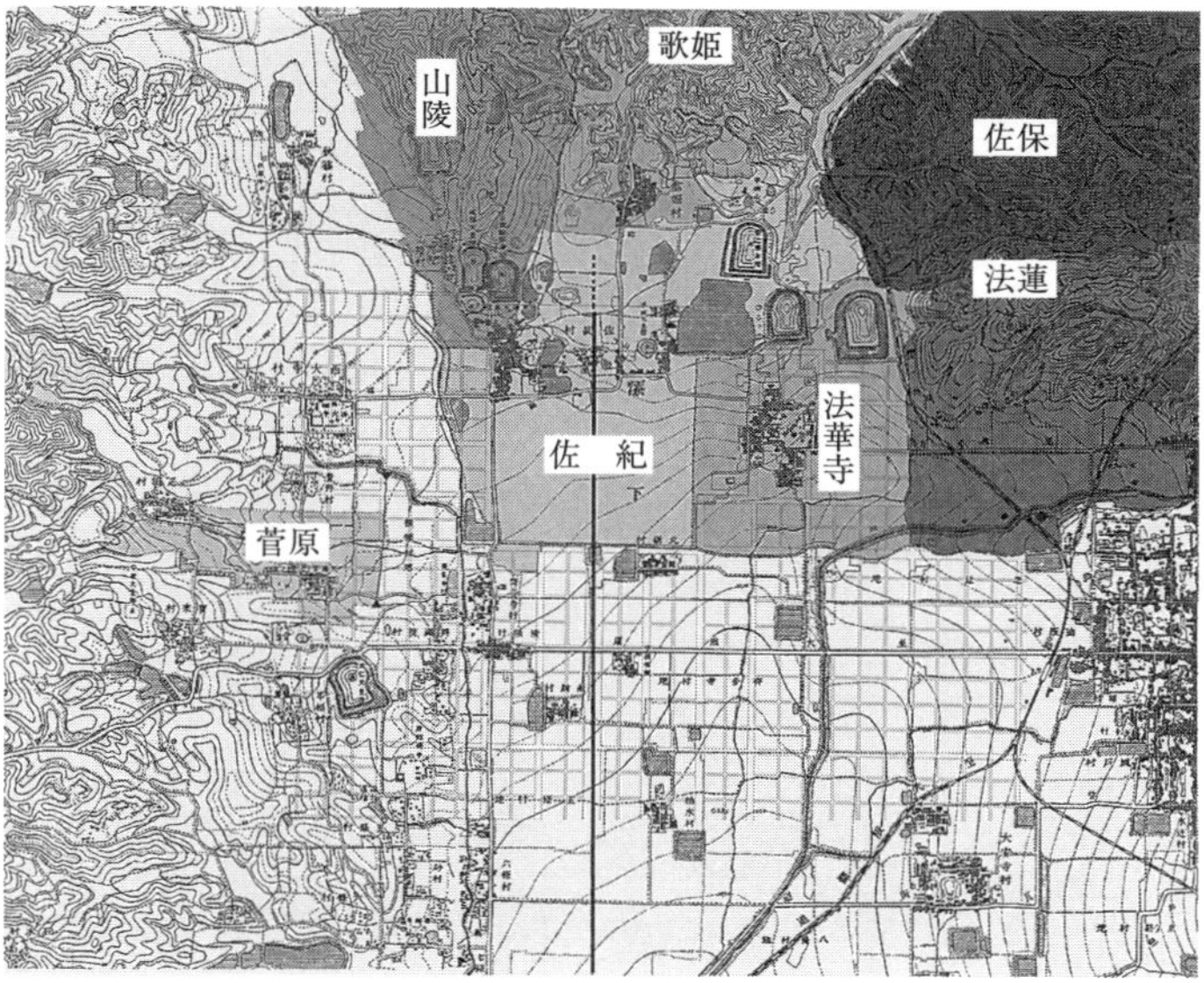

図46　平城宮と周辺の地名

付近を西端とし、そこから平城宮下層、法華寺にかけての丘陵上から沖積地の広い範囲に弥生～古墳時代の集落が分布している。九十余家に直接かかわるものではないが、これらの集落の分布範囲と地形から、以下のような村の存在が浮かび上がる（図47）。

まず、宮周辺の弥生～古墳時代集落の範囲は旧秋篠川以西と、以東とに大別でき、前者は西の京丘陵上（集落1）、後者は佐紀丘陵から南に向かってのびる丘陵上とその裾部に展開する（集落2）。集落1には埴輪窯があり、また居館と考えられる遺構や、土地区画

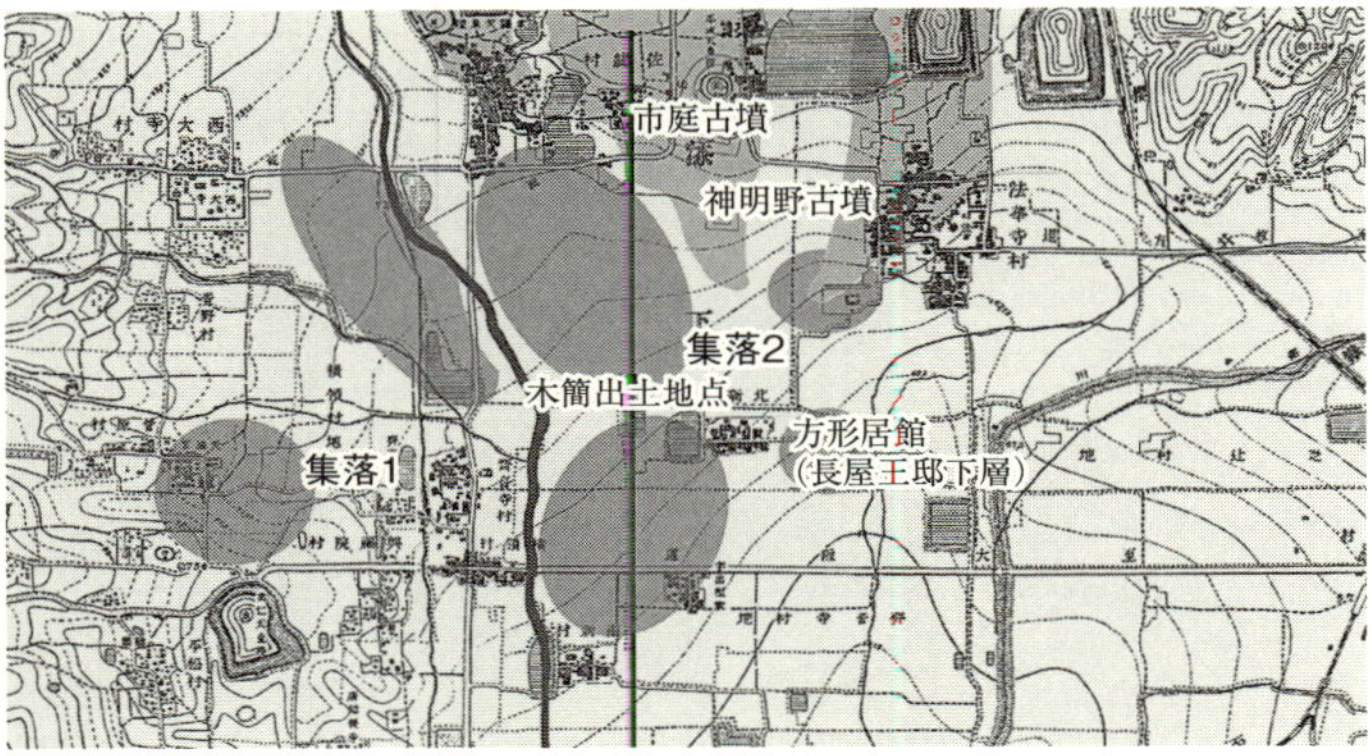

図47　宮周辺における下層遺構の分布範囲

のために掘られたと考えられる複数の溝が検出されている。また、この場所には菅原神社や菅原寺があることから、後に菅原道真を輩出する土師氏の本拠地と考えられる。しかし、この場所は遷都後は主に下級官人の居住地となっていることから、移転補償が行われた集落とは別の集落の可能性が高い。

一方、集落2は内容的にも不明な点が多いが、まず市庭《いちにわ》古墳や神明野《しめの》古墳が立地する丘陵上と、沖積地に展開する集落とに大別できる。先の「大野里」は、丘陵上の集落の南端付近に位置する。一方、沖積地上の集落の南限は四条大路付近にまで広がっている。

集落の東限はおおむね宮域内で収まるようで、それ以東は佐紀丘陵から伸びる尾根筋となり、丘陵上には旧石器時代の遺跡は見つかっているものの、それ以降のものは希薄である。なお、集落2の範囲には複数の小河川が存在しており、こうした河川によって集落は分断されているが、基本的には一連の集落と考えられる。さらに、長屋王邸下層では、時期は明確にされていないものの方位に合致した方形の居館跡が見つかっている。これは、飛鳥時代の集落の中心となる館の可能性がある。

これらのことから、「遷菅原地民九十余家」の範囲とは、西限が現在の菅原町の東にあたる二条大路、南限が三条大路の南方、東限が宮域東端、北限が宮域内の丘陵と沖積地との境であると推定できよう。こうして見ると、移転補償がなされた菅原の範囲、つまり、国が買い上げた範囲は、宮域を超え、宅地の変遷が著しい宮南面の区域も含んでいたということになる。

平城京の公邸

新たに都城を造るさいは、国は宮殿建設予定地の土地を買い上げていたことがわかっているが、平城京では宮の範囲だけでなく、その外側の土地の一部も買い上げられていた可能性があることがわかった。そして、その範囲と目される場所では、奈良時代の間に宅地の状況がめまぐるしく変化するという傾向がある。また、長屋王邸・不比等邸・麻呂邸のように、通常ならば子孫に伝えられるはずの宅地が居住者の死によりほかの施設として再利用される、という特異なあり方を示す宅地もこの中に含まれていることも明らかになった。

つまり、仮説として提示した、宮の場所以外にも国が直接買い上げた土地が存在し、そこには遷都時の太政官の有力者らが土地を与えられたが、それは職掌に応じたものであり、没収されることもあった、ということがある程度、現実味をおびてきたと思う。

藤原麻呂は皇后宮の設置に伴い、左京二条二坊五坪に土地を与えられたが、その土地は浜成に相続されることなく、皇后宮の解体後は梨原宮《なしはらのみや》となった。このことは、麻呂邸そのものが皇后宮という官衙に付随する性格をもっていたことを示している。皇后宮の維持に係る公務を果たすために置かれたこの麻呂邸はおそらく、麻呂個人の手により造営されたのではなく、公的資金により造られたのだろう。そしてこの邸宅そのものが皇后宮に附随する公的な施設という性格を有しており、そこでの実務の責任者として麻呂が居住したのだと考えたい。そうした施設であったからこそ、一般の邸宅で行われた子孫への伝領がなされなかったのではないだろうか。

不比等邸は、不比等薨去後に職掌上の理由から房前が引き継いだ可能性がある。右大臣不比等から内臣房前、そして皇后宮を経て法華寺という流れだとすると、これも単なる相続ではなく、職掌に応じた邸宅であるということも指摘できる。このほかにも、左京三条二坊三坪と六坪は、皇后宮の建設に伴い、それに接収されているようなので、居住者は不明であるが、麻呂邸や不比等邸と同様の性格の邸宅であった可能性を考えたい。

このように、平城宮周辺には、他の宅地と異なり自由に売買することができない宅地があり、それは職務に応じて貸し与えられる公邸であった可能性が指摘できるのである。

宮周辺に住む女性王族

平城京左京三条二坊六坪で発掘された池の取水口付近から、「竹野王子大許進米三升」と書かれた木簡が出土した（図48）。この木簡とよく似た木簡が長屋王邸からも複数、見つかっている。長屋王邸木簡からは、長屋王邸から竹野王子に米を頻繁に送っていることが明らかになり、どうやら竹野王子は、長屋王家に経済的に依存していたようである（渡辺晃宏『平城京一三〇〇年全検証』）。

では、この竹野王子とは何者か。『続日本紀』には天平十一年（七三九）に従四位下から従三位となり、天平勝宝元年（七四九）には正三位、同三年に従二位となるなど、女性

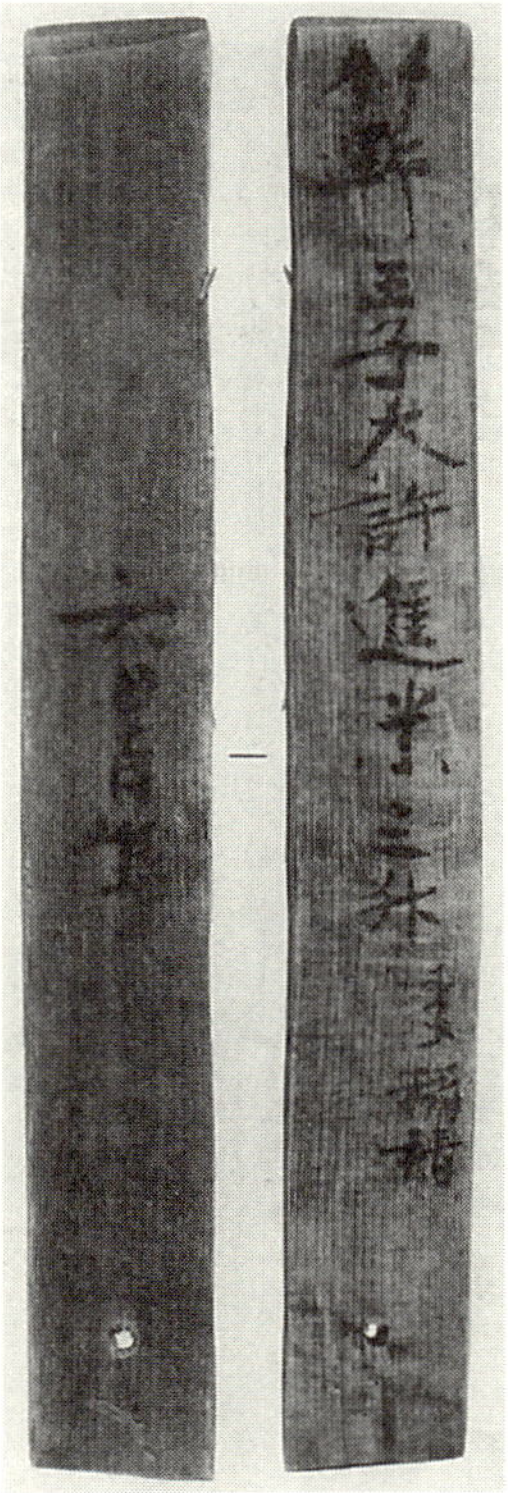

図48　木簡「竹野王子」
（奈良文化財研究所提供）

図49　竹野王碑

としては異例の出世をした竹野女王のことと考えられている。また、明日香村竜福寺にある石塔には銘文があり、そこには天平勝宝三年に従二位竹野王が建立したとある（図49）。

奈良時代の表記では、男女の区別は曖昧なので、竹野王子と竹野女王は同一人物と考えて差し支えない。残念ながらこの竹野王子、異例の出世を遂げたにもかかわらず、その事績どころか父母の名さえも伝わっていない。ただわかっているのは、彼女が住んでいた場所は長屋王邸に近接する場所であったということだけである。長屋王邸から食料を受け取っていることから、長屋王の近親者であると考えられるが、従三位への昇叙が県犬養《あがたのいぬかいの》三千代《みちよ》の娘で、橘《たちばなの》諸兄《もろえ》の同母妹、藤原房前の妻である牟漏《むろ》女王と同時であったので、藤原氏ともゆかりのある人物とする見方もある。

ここで確認しておきたいのは、長屋王邸に近接する一等地に、女性の王族が家を構えていた事実である。これはもちろん長屋王との関係で説明することもできるが、保良宮や長岡京で見たように、女性に対し家を建てるための費用を与えていることが注目される。もちろん、そのさいには家を建てる場所も与えられたのであろうから、竹野女王は、遷都時に長屋王邸に近い一等地を与えられたと考えられ、宮周辺にはこうした女性王族の邸宅も存在したことがわかる。

なお、長屋王家木簡には、このほかにも山形王子と門部王《かどべおう》の名が見え、こうした人々も長屋王邸の付近に住んでいたと考えられる。山形王子とは、高市皇子《たけちのみこ》の娘、山形女王のことと考えられる。彼女は神亀元年（七二四）に正四位下から正四位上に叙され、天平十七年（七四五）に正三位で薨去《こうきょ》する。門部王は長親王《ながしんのう》の孫で、和銅三年（七一〇）に無位から従五位下に叙され、後に大原真人姓を賜る人物と、和銅六年に無位から従四位下に叙された人物がいる。しかし、いずれも木簡に見られる門部王とは世代が合致しないため、問題視されていたのであるが、『薬師寺縁起』の検討から、長屋王の弟にも門部王という人物がいたことが指摘されている。

このように、宮に近接する一等地であり、かつ国によりもとの住民に対する補償がなされた可能性が高い場所には、長屋王や藤原不比等のような太政官の有力者だけでなく、後宮で活動する女性王族も住んでいたと考えられる。そして、そうした居住者の中には、山形女王や竹野女王のように、長屋王家のような有力者と深いかかわりをもち、経済的に依存している者もいたのである。

こうした邸宅の主どうしのつながりの強さは、これまで見てきたように大規模な邸宅が廃絶すると、周辺の邸宅にもなんらかの変化が認められるという実態とも符号し、宅地の居住者を考えていくうえでも、大きなヒントになる。

大伴氏の邸宅

長屋王邸の付近に居住した王の近親者。これは、居住者個人の職掌による居住であった可能性と王との血縁関係により居住地が定められた可能性、さらに、その双方の要因による可能性がある。王との血縁関係が居住の要因のひとつとするならば、平城京の宅地班給は氏族間のつながりや血縁関係も配慮されて行われた可能性を示すことにもつながる。次にこの点について検証してみたい。この検証のためには、まず一族の中から五位以上の位階を有する者を複数だしており、かつ、その邸宅のうちいくつかの場所がおおむね想定できる氏族を例にあげる必要がある。その条件を満たす氏族は、大伴一族である。

軍事氏族大伴氏

万葉歌人として名高い大伴家持《おおとものやかもち》を生んだ大伴一族は、古くから軍事をもって天皇家に仕えた氏族であった。武烈《ぶれつ》・継体《けいたい》・安閑《あんかん》・宣化《せんか》・欽明《きんめい》の五代にわたって大連《おおむらじ》を務めた大《おお》伴金村《ともものかなむら》の時代に全盛期を迎え、金村が任那《みまな》割譲の責を問われて失脚するものの、その後も大化五年（六四九）に長徳《ながとこ》が右大臣に任じられ、壬申の乱では馬来田《まくた》、吹負《ふけい》の兄弟が功績をあげるなど、名門氏族として重きをなしていた。

平城遷都時には、長徳の子、安麻呂が正三位大納言であったのを筆頭に、五位以上の地位にあったのは、安麻呂の子旅人《たびと》、宿奈麻呂《すくなまろ》、馬来田の子道足《みちたり》、男人《おひと》、吹負の子牛養《うしかい》、系譜不明の手拍《たうち》の七名に及ぶ（図50）。

大伴一族が、平城京のどこに住んでいたのかは『続日本紀』には見えないが、多くの歌人を輩出した一族であったため、『万葉集』からある程度、居所を特定することができる。そのさい、とくに注目されるのが大伴安麻呂の娘坂上郎女《さかのうえのいらつめ》の歌である。彼女にまつわる歌からは、単に大伴氏の居所を探るだけではなく、名門大伴一族が、その地位や家産を維持するために並々ならぬ苦労をしているさまも垣間見えるのである。

佐保大臣安麻呂とその娘坂上郎女

坂上郎女の足跡は『万葉集』からしか知ることができない。しかし、彼女を取り巻く複数の歌から読み取ることができる情報は大変豊富である。ここからは、歌の表題や左注の記載から、大伴一族の動向を探ることとする。

図50　大伴氏系図

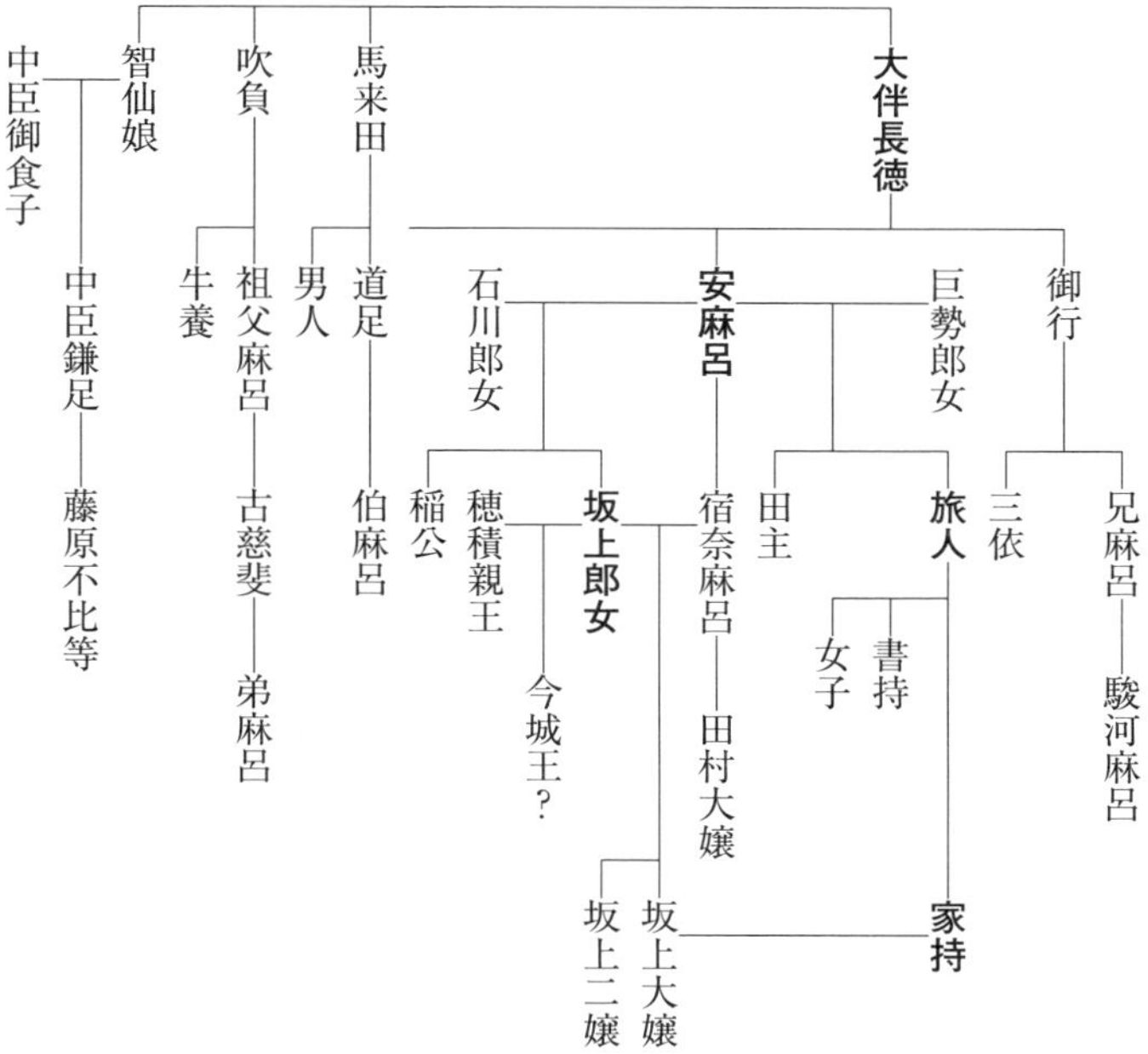
大伴長徳
馬来田
吹負
智仙娘
中臣御食子
御行
巨勢郎女
安麻呂
石川郎女
道足
男人
祖父麻呂
牛養
中臣鎌足
兄麻呂
三依
旅人
田主
宿奈麻呂
坂上郎女
穂積親王
稲公
伯麻呂
古慈斐
藤原不比等
駿河麻呂
書持
女子
田村大嬢
今城王？
弟麻呂
家持
坂上大嬢
坂上二嬢

まず『万葉集』巻四-五二八に見える坂上郎女の歌を紹介しよう。

千鳥鳴く佐保の河門《かわと》の瀬を広み打橋《うちはし》渡す汝《な》が来とおもへば

右、郎女は、佐保大納言　卿《まえつきみ》の女《むすめ》なり。初め一品穂積皇子に嫁ぎ、寵《うつくしび》をうくること儔《たぐい》なかりき。皇子薨りましし後に、藤原麿大夫、この郎女を娉《よば》へり。郎女は、坂上《さかのうえ》の里に家《す》む。よりて族氏《うから》号《なづ》けて坂上郎女といへり。

ここに見えるように、郎女の父は佐保大納言と呼ばれていたことがわかる。佐保とは大臣が住んでいた土地に由来することは明白であり、佐保大納言、つまり大伴安麻呂は佐保に住んでいたことがわかる。さらに、この短い文章にはいくつか重要な情報がある。まず、郎女は一品穂積皇子に嫁いだが、皇子とは死別、その後、藤原麻呂に求婚された。また、郎女は坂上里に住んでいたことから、一族の者から坂上郎女と呼ばれていたと見える。穂積親王が薨去したのは、郎女の父安麻呂薨去の翌年の和銅八年（七一五）、そして藤原麻呂大夫（坂上郎女に贈った歌　巻四-五二二には京職麿大夫とある）と見えることから、麻呂の求婚は麻呂が左右京大夫となる養老五年（七二一）以降であることがわかる。

『万葉集』には麻呂と坂上郎女の相聞歌《そうもんか》が残されている。先に紹介した歌もそのひとつであるが、麻呂に贈った彼女の四つの歌のうち三つに佐保川が詠まれている。歌の内容からして、これらは彼女の居所付近の情景を描写したと考えられることから、坂上里の家とは、佐保川の畔にあったと考えられる（図51）。

大伴坂上郎女が和《こた》へたる歌四首

佐保河の小石踏み渡りぬばたまの黒馬《くろま》の来る夜は年にもあらぬか

千鳥鳴く佐保の河瀬のさざれ波止む時も無しわが恋ふらくは

図51　佐　保　川

（『万葉集』巻四-五二五、五二六）

坂上郎女、大伴氏を守る

坂上郎女と麻呂のその後はよくわからない。しかし、彼女はその後、異母兄弟の大伴宿奈麻呂に嫁ぎ、二人の娘をもうけたことがわかる。巻四-七五六から七五九は、「大伴の田村家の大嬢の妹坂上大嬢に贈れる歌四首」である。その左注には、次のようにある。

　右は、田村大嬢と坂上大嬢と、並に右大弁《うだいべん》大伴宿奈麻呂卿の女なり。卿は田村の里に居《す》み、号《な》を田村大嬢と曰《い》へり。ただ、妹の坂上大嬢は、母、坂上の里に居む。仍《よ》りて坂上大嬢と曰へり。時に姉妹諮問《とぶら》ふに、歌を以《も》ちて贈答せり。

また、巻三-四〇七・四〇九には、大伴宿禰駿河麻呂《するがまろ》が坂上の家の二嬢に贈った歌が見える。これらのことから、大伴宿奈麻呂には田村大嬢と坂上大嬢、二嬢三人の娘がおり、田村大嬢は父宿奈麻呂が住んでいた田村里に住んだことから、田村大嬢と呼ばれたとあり、妹は坂上里で母と同居していたことから、坂上大嬢と呼ばれたとある。坂上に住む母とは、坂上郎女であることは、坂上郎女が坂上大嬢に贈った複数の歌からわかっている。このことから、坂上郎女と宿奈麻呂の婚姻と娘の誕生がわかる。

　宿奈麻呂は神亀四年（七二七）頃に卒去したと考えられることから、郎女との婚姻は宿奈麻呂が備後守として赴任していた養老三年（七一九）以降、神亀二年以前ということになる。また宿奈麻呂は遷都時に従五位下であることから、田村里に一町規模の宅地を与えられたと考えられること、また、その宅地は宿奈麻呂の卒去後、まだ幼かった坂上大嬢が姉と歌のやりとりをするまで成長するまで、田村大嬢によって維持されていたことがわかる。これも無位の女子が宅地を相続した事例のひとつである。なお、宿奈麻呂と郎女との婚姻の時期からして、田村大嬢と坂上大嬢は異母姉妹と考えられる。

郎女は宿奈麻呂との死別後、異母兄大伴旅人が太宰帥《だざいのそち》として赴任していた時期に、大宰府に一時居住していたことが知られる。巻六–九六三には「冬十一月に、大伴坂上郎女の、帥《そち》の家を発《た》ちて道に上り、筑前国宗形郡の、名児山《なごやま》を越えし時に、作れる歌一首」が、九六四には「同じく、坂上郎女の京に向ふ海路《うなじ》にて浜の貝を見て作れる歌一首」が見える。

これらの歌は、旅人が大宰府から帰京するさいに詠まれたと思われ、天平二年（七三〇）に彼女が大宰府に居たことを示すものである。和銅七年に安麻呂が薨去した後も、旅人は順調に昇進を遂げ、この時の帰京も大納言に任じられたことによるもので、大伴一族の氏上たる地位を確たるものにしていた頃である。

郎女が大宰府にむかったのは、大宰府で旅人の妻、大伴郎女が死去したことにもかかわりがあるだろうが、大伴一族を支えるという強い意志があったと考えられる。このことは、翌年、旅人という大黒柱を失った大伴一族を支えるために、彼女がとったその後の行動を

図52　山背国分寺の礎石

見ると頷ける。

娘と大伴一族の婚姻を画策する

大伴家持の妻は、坂上大嬢である。ふたりの婚姻は天平十二年（七四〇）の恭仁《くに》京《きょう》遷都前後と考えられるが、旅人が薨去した翌年の天平四年には、ふたりの間で歌のやりとりがはじめられる。坂上大嬢はこの頃、十歳前後と思われ、大嬢から家持に贈った歌も郎女が作ったものだろう（図52）。

また、先に紹介した巻三―四〇七・四〇九の表題から郎女は二嬢を大伴駿河麻呂に、田村大嬢を実弟大伴稲公《いなきみ》に嫁がそうとした形跡がある。巻四―五八六は、次のとおりである。

大伴宿禰稲公の田村大嬢に贈

れる歌一首　大伴宿奈麿卿の女なり
相見《あひみ》ずは恋ひざらましを妹《いも》を見てもとなかくのみ恋ふるはいかにせむ
右の一首は、姉坂上郎女の作

郎女は歌の代作までして、弟と義理の娘の婚姻を図ったり、当時まだ十歳にも満たない次女と一族の男子との婚姻を画策したりしたのである。この一連の彼女の行動は、大伴一族の結束を強化しようとする強い意志によると考えられ、自らが一族の支柱として大伴一族を守り抜こうとする決意が感じられる。

当時、一族内での婚姻は一般的であった。しかし、藤原氏の例でも見たように、一族が発展段階にある時期は、他の有力氏族と婚姻関係を結ぶのに対し、勢いが衰えると同族内での婚姻が目立つという傾向がある。この時の大伴氏は、その勢いにかげりが見えていた時期である。氏上である旅人亡き後、その嫡子家持はまだ蔭位に与《あづか》るまでにも至らない。旅人は従二位であったので、その嫡子家持は二十一歳で、正六位下に叙されることになっていたが、天平十年の段階では、内舎人《うどねり》であり、まだ二十歳にも達していなかった。

そうした時期であったためか、この頃郎女は、大伴一族を集め、しばしば宴席を設けており、そのときの歌が巻三—四〇一（大伴坂上郎女が、親族《うから》と宴《うたげ》する日に吟《うた》へる歌一首）巻六—九九五（大伴坂上郎女の親族と宴せる歌一首）に見える。さらに、聖武天皇に歌を献上

図53　跡見のあたり

（巻四‐七二一他三首）するなど、大伴一族の実質的な氏上として、一族内外との交流を図っている姿が見られる。これは、古くから天皇家の近衛軍ともいうべき職掌を一族で担ってきた大伴氏らしい思想であり、彼女にとっては一族の結束こそがこの難局を乗り切るために必要なことと感じたのであろう。

大伴氏の所領を巡る

大伴氏のような有力氏族は、複数の所領を有していた。家持と大嬢とが結婚したと考えられる天平十二年前後から、郎女は大和国内の大伴氏の所領に一定期間滞在し、そこで歌を詠み娘に贈っている。巻四‐七六〇・七六一は「大伴坂上郎女の竹田庄《たけだのたどころ》より女子《むすめ》の大嬢に贈れる歌二首」、巻八―一五九二・一五九三は「大伴坂上郎女の竹田庄にして作れる歌二首」であり、左注には「右は、天平十一年己卯秋九月に作れり」とある。また、巻四―七二三は、「大伴坂上郎女の、跡見庄《とみのたどころ》より、宅《いえ》に留まれる女子の大嬢に賜へる歌一首併せて短歌」、巻八―一五六〇・一五六一は、「大伴坂上郎女の跡見田庄にして作れる歌二首」である（図53）。

跡見の庄には稲公（巻八―一五四九）も訪れており、これは単なる旅行ではなく、大伴一族の財産管理や、収穫の指揮といった目的であったと考えられる。竹田庄は現在の橿原《かしはら》市東竹田町付近に比定され、平城遷都以前に大伴氏が本拠を置いた場所で、壬申《じんしん》の乱《らん》の時、大伴吹負が挙兵した場所も竹田にあった大伴氏の家であったと考えられている。

また、平城遷都以降、大伴氏が本拠とした安麻呂の佐保宅についても、郎女が一定期間、管理していた形跡がある。巻八―一四四七には、天平四年に郎女が佐保宅で詠んだ歌があり、巻六―九七九には、家持を佐保宅から郎女が見送る歌がある。

大伴坂上郎女の、姪《おい》家持の佐保より西の宅に還帰《かえ》るに与へたる歌一首

我が背子《せこ》が着る衣薄《きぬうす》し佐保風はいたくな吹きそ家に至るまで

三つの邸宅の所在地

『万葉集』から大伴一族は、平城京に三つ以上の邸宅をもっていたことがわかる。すなわち、大伴安麻呂が与えられ、その後旅人が継承し、郎女が維持した大伴氏の本拠と言える佐保宅、大伴宿奈麻呂が班給された田村里の家、坂上郎女と娘たちが住んだ坂上里の家である。先に推定した平城京の宅地の班給基準によると、佐保宅は四町規模の宅地、田村里の家は一町規模と考えられる。

これらの家はどこにあったのか、ここではそれについて考えることにする。まず佐保宅であるが、佐保には長屋王の作宝宅もあったことが、『懐風藻《かいふうそう》』や『万葉集』（巻第八－一六三八）から知られている。長屋王邸は、左京三条二坊にあったことが発掘調査で知られており、そこには長屋王を支える家政機関が置かれるなど、所領の管理など長屋王家の運営が行われていたことがわかる。それに対し、作宝宅は長屋王主催の歌会が行われるなど、主として長屋王の社交のサロンとしての機能を担っていたと考えられる。その場所も発掘調査により、左京一条三坊十五・十六坪で確認された二町規模の宅地がこれに相当すると考えられている。

また正確な場所は不明であるが、先述のように藤原房前の邸宅も佐保にあったと伝えられている。このように、佐保の地は平城京の中でも、高級住宅地であったことがわかる。

坂上里の所在地は、『延喜式《えんぎしき》諸陵式』に見える、「平城坂上墓」が参考になる。これは、磐之媛《いわのひめ》陵に比定されているが、ウワナベ古墳とする見方もある。また、坂上郎女の歌に頻繁に佐保川が詠まれていることからすると、佐保川沿いに所在していたことがわかる。ウワナベ古墳は左京一条三坊の北方にあるので、このふたつの条件を満たすのは、左京一条三坊あるいは四坊付近となる。

つまり、坂上里は佐保と呼ばれた範囲の中にあり、坂上郎女が佐保宅を管理していたことを考えれば、このふたつの邸宅は近接した場所にあったと考えられる。ただし、ここで問題となるのは、坂上郎女が坂上里の家を入手した経緯である。無位無官の彼女が遷都に伴い宅地を与えられた可能性は考えがたい。また、坂上里に住んだのは、穂積親王が薨去した和銅八年（七一五）の後であった可能性が高く、それは父安麻呂薨去の翌年のことである。そして、坂上里の家の推定地である左京一条三・四坊は、高位の人物が居住していた場所であり、遷都後まもない時期に何者からか購入した可能性も低いと考えられる。

その場合、坂上の家とは佐保宅の一角にあった可能性と、大伴一族の誰かの土地を譲り受けた可能性が残る。前者の場合、佐保宅と区別してなぜ坂上の家と呼んだのかが問題となるが、それについては『万葉集』でも佐保宅に対し、坂上の家と表記されるように、郎女が本家とは別に大伴坂上家を構えたことによると考えられる。巻一七-三九二七、巻一九-四二二一の表題や左注には大伴氏坂上郎女と見え、坂上を姓としていることがわかる。

後者の場合は、旅人が佐保宅を引き継いだのを受け、旧旅人邸を譲り受けた可能性もある。旅人は遷都時に正五位上、弟宿奈麻呂も宅地を班給されているところを見ると、旅人も宅地を班給されたと考えるのが自然である。もちろん、嫡子が宅地の伝領を前提に親と同居していた可能性も捨てきれないが、藤原氏の場合、遷都時に従五位下であった長子武智麻呂は南卿と呼ばれるように不比等邸とは別の家を構えていたことは確実であり、次子房前も従五位下で北卿と呼ばれ、佐保に邸宅をもっていた可能性もあるので、親との同居は認めにくい。したがって、大伴氏は安麻呂邸のほかに旅人邸も有しており、旅人薨去後は、まだ位階を有しない家持、書持兄弟が、ふたつの大規模宅地の所有者となったと考えられる。そして、坂上郎女も『万葉集』の記載からするといずれかの邸宅を管理していた可能性は高い。

田村里は岸俊男氏の考証により、左京四条二坊・五条二坊であることがわかっている。この場所はのちに藤原仲麻呂により田村第が造られる場所であり、佐保川に沿って一町規模の邸宅が確認されている地点である。また、田村大嬢が坂上大嬢に贈った歌（巻四‐七五七）から、田村里と坂上里の距離はさほど離れていないことがわかる。

大伴氏はこのほかにも、跡見、竹田の所領に邸宅があり、さらに春日と高円《たかまど》に邸宅を有していた可能性がある。また、先に紹介した巻六‐九七九の歌から佐保宅の西にも家をも

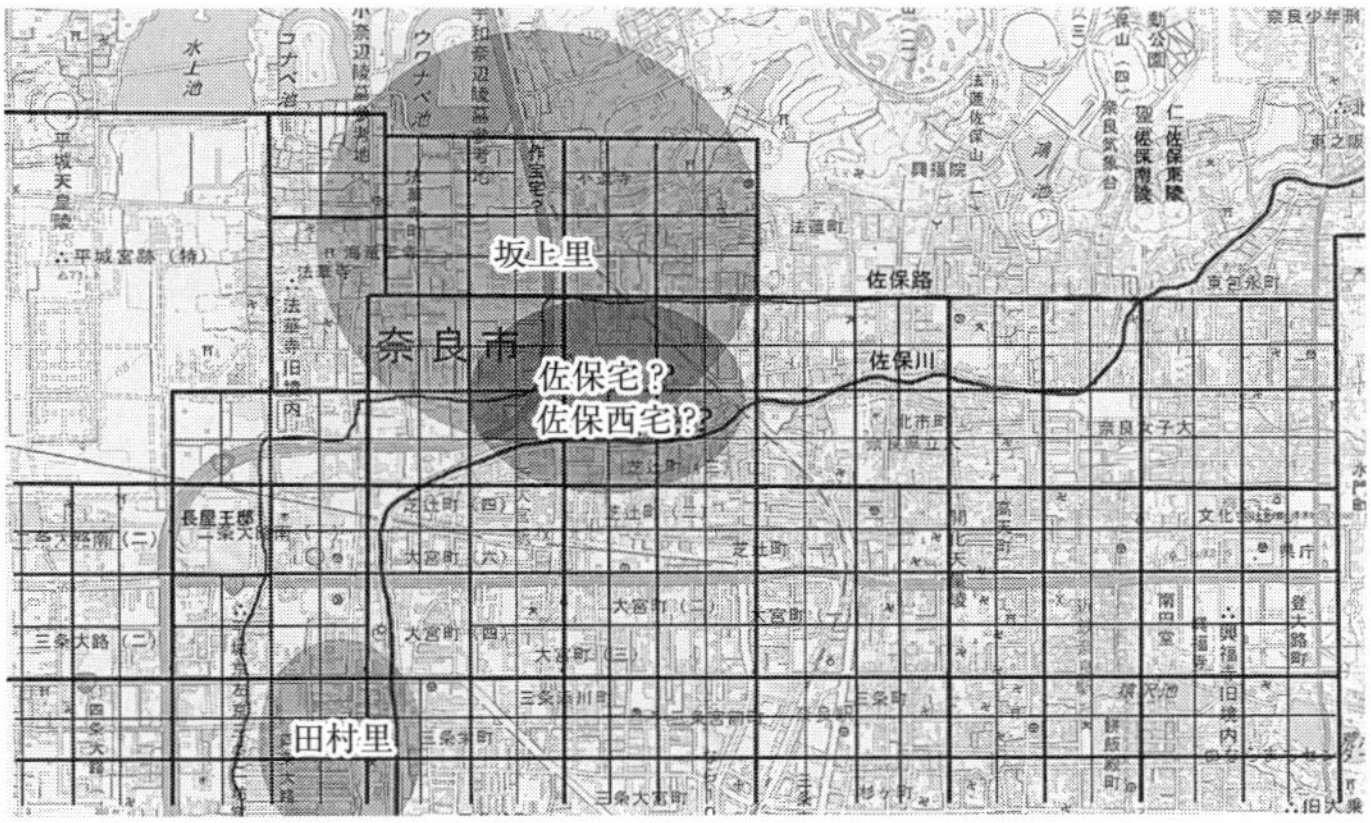

図54　大伴氏の邸宅

っていたことが分かる。このうち、確実に京内にあったと考えられるのは、佐保宅の西の宅である。これは、佐保宅内にあった別の建物という見方もあるが、郎女が家持を見送る歌を詠んでいることから、同一の宅地内の建物とは考えにくい。しかし、家持は佐保風が吹く中を軽装で現れたようであるので、佐保宅とはさほど距離が離れていないと考えられる。

先に述べたように、大伴氏の邸宅を考えるうえでは、旅人の旧宅も視野に入れる必要がある。坂上里の家が佐保宅の一角にあったとすれば、佐保宅の西の宅こそが、旧旅人邸である可能性がある。家持は、旅人亡き後の大伴一族の氏上として、佐保宅を引き継ぐ権利を有した人物であったが、一族の大黒柱とも言うべき旅人を失った後の動揺が静まるまで、郎女が佐保宅の管理を行っており、その間、家持が旧旅人邸に居住していたのだろう（図54）。

ここまで見てきたように、大伴氏は平城京内に複数の宅地を有していたことがわかる。もちろん、それらの宅地の入手の経緯は遷都に伴う宅地班給であるが、いずれの宅地も佐保を中心に近接して存在した可能性が高い。このことは、遷都時の宅地班給は、同族が集住できるよう配慮されていた可能性を示すと考えられる。

近接する宅地

また大伴氏は、郎女の行動から竹田と跡見に所領をもっていたことがわかり、その地に赴いていることが判明するのは、郎女・稲公・家持の三人。いずれも安麻呂直系の人物である。特に竹田は、大伴氏のもともとの本拠地であり、壬申の乱のときに馬来田・吹負兄弟が住んでいたのもこの地と考えられている。つまり、大伴氏のウジとしての財産の管理は、安麻呂とその子孫が行っていたこと、そのため安麻呂の後継者は、その財産管理を行うと同時に、一族に対しある程度の経済的な援助を行う義務があったと推定できる。このことは、不比等の財産を武智麻呂、豊成という嫡子が管理していたのと同様である。そうした事情から、一族は近接して居住するのが便利であり、宅地班給にさいしても、このような氏族の事情はある程度、考慮されたためこれが同族同士の集住というかたちになって表われていると考えられる。

なお、旅人薨去時はまだ若く、社会的な地位も低かった家持も、橘諸兄、奈良麻呂と藤原不比等との政治的な対立が深まったときに、「族《やから》に喩《さと》せる歌一首併せて短歌」（巻二〇–四四六五）を詠むなど、大伴一族の氏上として行動していることがわかるとともに、有名な「海行かば」の歌に見えるように（四〇九四）、伴造氏族としての誇りを詠むことが増えている。

族《やから》に喩《さと》せる歌一首併せて短歌

ひさかたの　天の戸開き　高千穂の　岳に天降《あも》りし　皇祖《すめろき》の　神の御代《みよ》より　梔弓《はじゆみ》を
手握《た》り持たし　真鹿児矢《まかごや》を　手挟《たばさ》み添へて　大久米《おほくめ》の　ますら健男《たけお》を　先に立て　靫《ゆき》
取り負《おほ》せ　山河を　磐根《いわね》さくみて　踏みとほり　国覓《まぎ》しつつ　ちはやぶる　神を言向
け　従属《まつろ》はぬ　人をも和《やわ》し　掃き清め　仕へ奉りて　秋津島《あきづしま》　大和の国の　橿原《かしはら》の
畝傍《うねび》の宮に　宮柱　太知り立てて　天《あめ》の下　知らしめしける　皇祖《すめろき》の　天《あま》の日嗣《ひつぎ》と
継ぎて来る　君の御代御代　隠さはぬ　赤き心を　皇辺《すめらへ》に　極め尽して　仕へくる
祖《おや》の官《つかさ》と　事立《ことた》てて　授け賜へる　子孫《うみのこ》の　いや継ぎ継ぎに　見る人の　語りつぎて
て　聞く人の　鏡にせむを　あたらしき　清きその名そ　おぼろかに　心思ひて
虚言《むなこと》も　祖《おや》の名絶つな　大伴の　氏《うじ》と名に負へる　大夫《ますらを》の伴《とも》

（大意）

ひさかたの天の戸を開き、高千穂の岳に天降った、天皇の祖先神の昔から、わが一族は櫨弓《はじゆみ》を手に握り持ち、真鹿子矢を脇にかかえて、大久米部の勇敢な男たちを先頭に立てて、靫を背に山川の岩を踏み分け踏み砕いて国土を求めつつ、ちはやぶる神を平定し、反抗する人々も従え、邪悪な者を一掃してお仕え申してきた。また秋津島の大和の国の橿原の畝傍の宮に、宮殿の柱を立派に立てて天下を支配なさった皇祖の、それ以来の御位として引き継いで来た君の御代御代に、隠しへだてなく赤心を、天皇に向けて極め尽してお仕えして来た。そうした祖先代々の役目としてことばにあげて天皇が官をお授けになるわれら子孫は、一層次々と、見る人が語りつぎ聞く人が手本にするはずのものを。惜しむべき清らかなその名であるよ。あさはかに思慮して、かりそめにも祖先の名を絶やすな。大伴の氏を名に持つ大夫たちよ。（中西進『万葉集』）

ここまで、大伴氏の動向を見てきた。問題はさまざまな方面に波及したが、宅地という観点から見ると、大伴一族は遷都当初から近接した場所に邸宅を構えていたことは、了解できそうである。また、氏上の邸宅である佐保宅を一族の結集の場として利用していたこと、そして、その維持のために旅人没後は、安麻呂の娘であり位階を有しない坂上郎女が、邸宅の実質的な管理者となり、それと同時に大伴一族の財産である竹田庄や跡見庄の管理も行っていることが見える。

さらに、郎女が一族内での婚姻を進めたり、自らが天皇に接近したりするなど、旅人の死により苦境に立たされた大伴一族を支えるためにあらゆる手段を講じていることもわかった。当時の女性はたとえ位階を有しなくとも、ウジの代表者として家や一族を守る責任をもっていたのである。そして、「族に喩せる歌」に見えるように、大伴一族は神代の時代から軍事をもって天皇に仕えてきたことに強い誇りをもっており、ウジが断絶しないよう軽挙妄動を慎むよう氏上である家持が働きかけているように、一族の伝統を守り結集を図ることを第一に考えていたこともわかる。ウジという集団で天皇に奉仕するという伝統的な氏族の意識は、律令社会の中でも生き続いていたのである。

このような大伴一族の行動は、律令官僚制という新しい社会の仕組みの中で、伝統的な氏族がいかにして生きていったかということを示す好例である。また、ウジの結束を呼びかけながらも、それを果たすことができず、橘奈良麻呂の乱において古麻呂・古慈斐ら一族の有力者の多くを失った家持の姿は、次第に解体されていく伝統的なウジの姿を示すものとも言える。律令という制度は確実に氏族社会を解体させていったのであった。

平城京の一等地に住む下位の人物

史料によると、宮に近い場所にも、位階が低いあるいはもたない人物が居住していたことが知られる。ここまで見てきたように、有力氏族の大規模な邸宅の周囲には、ウジの構成員や経済的に依存する者たちの住宅がある。このことについて多少、触れておきたい。

位階の低い人物は宮から離れた場所での居住が目立つという傾向は、そのとおりなのであるが、一方で高級住宅地周辺にも、位階の低い人物が複数、居住していることが確認できる。とくに、佐保の範囲ではその傾向が強く認められる。

左京一条二坊は不比等邸の北側にあたる地であるが、ここには倭史《やまとのふひと》真首名《まくな》をはじめとする三名、その東隣、長屋王の作宝宅の推定地付近には、正七位下大原真人今城をはじめとする四名の名が見える。宮南面の大規模宅地が密集し、宅地の変遷もめまぐるしい三条一・二坊には、従八位上槻本連大食《つきもとむらじたいじき》をはじめとする三名が認められる。

こうした位階の低い人たちも、その素性を確認すると当時の有力者になんらかのかたちで結びついていることがわかる。特に次の五名は隣接する大規模宅地の居住者を考えるうえで注目される。

倭史真首名　左京一条二坊に住んでいたことが知られる。百済《くだら》系渡来氏族であり、延暦二年（七八三）に朝臣姓を賜る。桓武天皇の母、高野新笠もこの一族の出身である。

丈部臣葛嶋　左京一条二坊に住んでいたことが知られる。丈部《はせつかべ》氏は軍事氏族と考えられており大宅、小野、粟田、柿本氏らと同族。遷都時には、小野朝臣毛野、粟田朝臣真人というふたりの中納言がいた。

県犬養宿禰忍人　左京一条三坊に住んでいたことが知られる。橘諸兄の母で、藤原不比等の妻にもなる県犬養三千代の出身氏族である。遷都時の五位以上の人物には、県犬養宿禰筑紫がいる。

大原真人今城　左京一条三坊に住んでいたことが知られる。天平二十年（七四八）に正七位下。大伴家持とも交流があり、『万葉集』の編纂にも携わっていたようで、比較的多くの史料があるが、その解釈が難しい。『万葉集』巻四-五一九には、今城王の母は大伴郎女であり、今城王はのちに大原真人姓を賜うとある。この大伴郎女は、先に紹介した坂上郎女と考えられるので、単純に解釈すれば、坂上郎女が最初に嫁いだ穂積親王との間に今城王が生まれ、天平十一年（七三九）に大原真人今城になったと考えることができる。ただし、穂積親王は和銅八年（七一五）に薨去しているので、天平二十年時点で、今城はいくら若くとも三十三歳。一品穂積親王の庶子であるので、二十一歳のときに正六位上になっているはずであるので、穂積親王の子ではないと見なければなるまい。

阿刀宿禰田主　左京三条一坊に住んでいたことが知られる。阿刀《あと》氏は物部氏の同族。遷都時には石上麻呂が正二位左大臣の地位にあった。

このように、大規模宅地が集中する場所に認められる位階の低い人物についても、九名中五名が遷都時の有力者との間になんらかの結びつきが認められる。居住者個人についての情報が不足しているため、有力者との直接的な関係は知るすべがなく、これ以上の追究は難しいが、宮周辺における居住実態を考えるうえでは、こうした位階の低い人物にも注意し、大規模宅地との関係を検討する必要があろう。

平城京の宅地の実態

藤原京の宅地と平城京の宅地

平城遷都に伴い、役人は身分の高い順に宮に近い一等地を与えられた。これが今までの解釈であり、通説である。このことは大枠では正しい。しかし、宅地の実態を詳しく見ていくと、必ずしもそれだけでは説明できない点もいくつか見えてきた。ここでは、これまでわかったことを整理し、平城京における宅地班給は何を基準に、どんなことに配慮して行われたのかということを述べたい。

藤原京でも難波京でも宅地の大きさは位階に応じて決められた。しかし、宅地の班給記事を比較すると、藤原京では右大臣四町、直広弐以上は二町、大参以下は一町、それ以下は位階ではなく戸口により面積が規定されている。また、右大臣とは多治比《たじひの》真人《まひと》嶋《しま》に対する班給を示したものであることから、厳密に言えば位階による規定は二ランクのみということになる。

このことに対し仁藤敦氏は、藤原京における宅地班給とは、京内の土地を新たに班給したのではなく、すでに存在した宅地の所有を追認したものであると指摘している（仁藤『古代王権と都城』）。これは、藤原京における条坊施行は天武五年（六七二）にさかのぼることが確実であり、宅地の班給がなされた持統五年（六九一）までの間に、多くの役人や庶民が、すでに京内に住んでいたと考えられるからである。この指摘は傾聴すべきものであり、班給基準はそれぞれの階層、家族の居住形態の実態を反映している可能性がある。

平城京の宅地班給についても、藤原京とほぼ同様の基準が適用されたと考えられるが、それは藤原京における居住の実態を反映させたものであったと言えよう。

また、藤原京の宅地と平城京の宅地を比較した場合、宅地面積だけでなく、あることも両者が類似する点が指摘できる。それは、高位の人物の邸宅の位置である。長屋王邸が見つかったとき、なぜ従三位であった長屋王が宮前面の一等地を得たのかという疑問に対し、藤原宮の位置と高市皇子の香具山宮の位置関係を踏襲した可能性が指摘された。香具山宮の位置は正確にはわからないが、現在の橿原市木之本町で、「香山《かぐやま》」の墨書土器がまとまって出土したことから、その付近に求める見方がある。

そうすると、宮の南東に邸宅を構えているという位置関係が、平城京における長屋王邸の位置関係と類似していると見ることもできる。

また、先にも少しふれたが、藤原京における藤原不比等邸についても、東面北門付近から出土した「右大殿芹八」の木簡から、宮の東方あるいは東北にあたる小字「法花寺」の位置にあった可能性が指摘されている。そうだとすると、これも平城京における不比等邸と宮との位置関係と類似しているということになる。

さらに、藤原京における穂積親王の邸宅は、平成十五年（二〇〇三）に藤原京内で中ツ道の可能性が指摘されている道路側溝から「穂積親王宮」の木簡が出土したことから、穂積親王邸は不比等邸に近い位置にあった可能性が指摘されるようになった。穂積親王邸は、木簡出土以前から『万葉集』の但馬皇女の歌から、高市皇子の香具山宮に近い場所にあったと考えられていたが、そのことを裏付けることにもなりその蓋然性は高いといえる。

それに対し、平城京の穂積親王邸は不明であるが、穂積親王に嫁いだ大伴坂上郎女には、今城王という皇子がいた可能性があり、彼は後に大原真人姓を賜ることになるが、大原今城の居住地は、左京一条三坊にあったことが知られている。先述のように、大原今城が穂積親王の子と考えるには、位階の低さをいかに説明するかという問題があるが、もし、大原今城が穂積親王と血縁関係があり、その邸宅を引き継ぐ資格を有していたとするならば、穂積親王邸の邸宅も左京一条三坊にあり、藤原京における宅地の位置をそのまま踏襲して

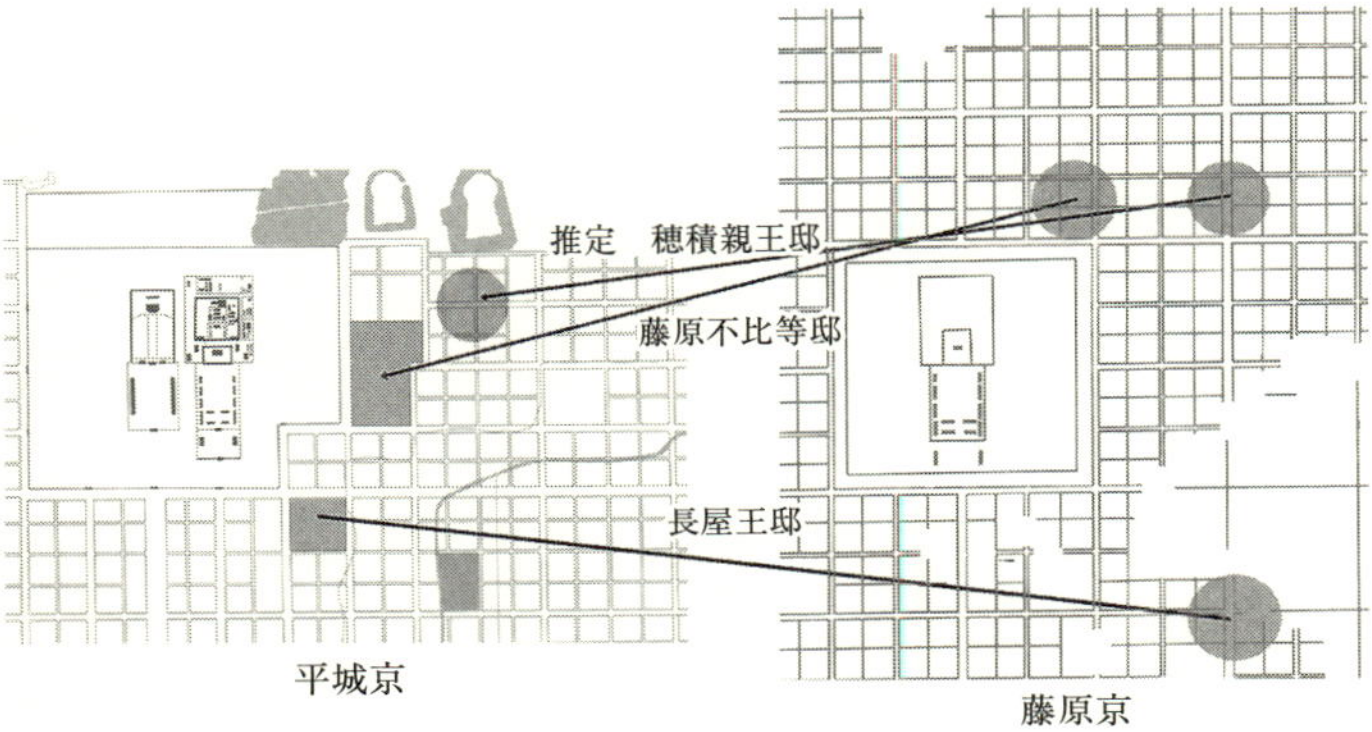

図55　藤原京と平城京の宅地

いるという例に加えることができる。

なお、穂積親王の子、坂合部王《さかいべおう》は『懐風藻』によると二十五歳で卒去、養老五年（七二一）に従四位下とあり、もうひとりの子、上道王《かみつみちおう》は神亀四年（七二七）に卒去とあるので、天平二〇年の時点で穂積親王の血脈につながる人物は、ほぼ絶えていたと思われる。

このように、藤原京の宅地を調べることは、平城京の宅地に関してもなんらかの情報を与えてくれる可能性があり、今後はこのふたつの都を比較しながら、居住者の検討を行う必要がある（図55）。

居住者を決定した位階以外の要素

藤原京における宅地の位置が平城京における宅地班給の時にも考慮された可能性を指摘したが、それ以外の要素も考えておく必要がある。それは、遷都時の職掌と女性王族の扱いである。保良宮と長岡京で見たように、遷都に伴って建物の建設費用の助成を受けている人物が何人か確認されている。それは、有力王族と太政官の主要構成員、そして内親王や夫人などの女性たちである。

こうしたことは、記事こそ欠くものの、平城京でも行われた可能性を考慮する必要があろう。事実、長屋王邸の付近には、竹野女王と山形女王がそれぞれ邸宅を構え居住していた可能性がある。もちろんこれは、長屋王家に経済的に依存していたため、付近に居住したという理由も考えられるが、竹野女王はのちに従二位まで昇進し、山形女王も三位まで昇進するなど、女性王族の中でも大きく出世した人物である。

残念ながら事績は伝わらないが、当時の女性の中でもひときわ将来を嘱望されたか、後宮で重要な役割を果たしていたのだろう。政治の表舞台には顔をだすことはなくとも、宮中の内向きの仕事の中での役割も、宅地の班給にさいしては留意されたのだろう。

宅地入手の手続き

平城京の宅地は、国から班給されたものであったが、もともとの土地所有者に対する移転補償は、宅地を与えられた人物が自ら行う必要があった。それを行うことにより、所有権を得、自由に売買ができる権利を手に入れたと考えられる。しかし、宮周辺には、国が遷都に伴いもとの住民に補償を行った純然たる国有地が存在した。

そうした土地を与えられた人物は、移転補償費を支払う必要がなく、また、場合によっては住宅建設に係る費用も国から与えられた。一見、きわめて恵まれた状態にあるように見えるが、費用を負担しなかった分、個人の権利は制限され、ほかの宅地のような自由な取引はおろか、国から立ち退きを迫られることもあった。こうした宅地は、あくまでも公務を行うために貸し与えられる公邸であり、その人物が死去すると国により処分された。

長屋王邸もそういった公邸のひとつであり、皇后宮の北に設けられた麻呂邸は、皇后宮の運営、管理のために置かれた公邸で、皇后宮そのものがなくなると、宅地も邸宅から梨原宮へと造り替えられた。不比等邸もおそらくそうだったのだろう。不比等薨去後は、今まで指摘されていたように、光明子が住んだのではなくて、文武天皇即位前の不比等と同じ立場にいた、つまり皇太子の後見の任にあたった房前が、その職掌を果たすために居住したと考えられる。

平城京の中でも特に高級住宅地が集まる左京三条二坊付近の宅地は、めまぐるしく変化するものも多い。長屋王邸のように邸宅から官衙《かんが》へ、そして違う官衙へという複雑な流れも、個人が自由にできる宅地であれば、そのようにはならなかったと考えられる。

宮周辺の土地とは、国の意思により、常に利用形態を変えることができる土地であったと考えられ、遷都当初の公邸は、やがて官衙や寺とされていったのであろう。

一族の集住

日本の氏族は、先祖を同じくするウジという血縁、地縁で結ばれた集団をもって、天皇に奉仕していた。ウジは、たとえば大伴氏は軍事といったように、それぞれ世襲の職掌をもっていた。そうしたウジの活動は、一族が集団として天皇に奉仕することにより達成されるものであり、そのため、一族は本拠地を構え集住するという生活形態をとっていた。

このような、伝統的なウジの姿は、遷都時にも一定程度、考慮されていたようであり、宅地班給にさいしても、一族どうしが近接して住めるよう配慮されたと考えられる。大規模宅地の間に認められる、やや規模の小さい宅地の分布や、史料に見える高級住宅地に住む位階の低い人物は、こうしたウジの代表者に依存するかたちで住んでいた同族のものであった可能性が考えられるだろう。

しかし、律令官僚制は、ウジという集団をある意味で否定するものであった。律令による諸制度は、父から子へという直系を重視するかたちになっており、集団として活動するウジについては配慮が認められない。また、父から子へという直系は、世代が変わるたびに再構築されるといった性格のものであり、ウジの伝統や伝統的な職掌は、単に儀式の場でのみで発揮される程度に縮小化されていったのであり、集住形態も次第に解体されていったと考えられる。

律令国家の建設と平城遷都

古代の日本は、中国唐王朝をモデルとした律令国家の建設を目指していた。その動きは、天智天皇の時代に加速化され、天武天皇の時代にほぼその骨格が固まった。そして、大宝元年（七〇一）の文武天皇による「文物の偽、是に備われり」という律令国家完成宣言に結びついたのである。

しかしそれは律令という制度を日本に根づかせるための膨大な作業のはじまりでもあった。天智天皇の時代から急速に進められた諸改革は、いくつかの大きな矛盾を抱えながらも、とにかく、律令国家という体裁を整えるために足早に進められた。かたちを最初につくり、矛盾点はのちに修正していけばよいというスタンスは、困難な事業をも可能にした反面、同時に次世代へ多くの宿題を残すことになった。

律令の基本法典である大宝律令《たいほうりつりょう》の中にも、日本の実情に合わない点が多々あった。そのため、大宝律令の制定に中心的な役割を果たした藤原不比等は、律令完成後まもなく、その改訂作業に着手している。条文の中には、本書で見た「戸令応分条《こりょうおうぶんじょう》」のように、大宝律令と養老律令とでは、まったく内容が異なるものもある。実情とのすりあわせは、制度が完成した後に、段階的に進められたのである。最初の都城、藤原京はその最たる例のひとつである。藤原京の建設が始まった天武五年は、中国との国交が断絶している状態であり、その都市計画は『周礼《しゅらい》』考工記に書かれた空想の都を地上に再現したものであった。

また、その場所も伝統的な都、飛鳥からさほど離れていない場所に置いたために、都市に役人や庶民が集住するという形態にはならなかったようである。そうした中、唐長安城をモデルとした、真の意味で中国ふうの都城である平城京の建設に着手した。

平城京は、遷都前まではさほど大きな集落も存在しない、どちらかといえばのどかな場所であった。そこに二年という限られた期間で、条坊制に則った巨大な町を造りあげたのである。いつの時代もそうであるが、日本人は国家が一丸となって行動する時には、驚くべきエネルギーを発揮し、不可能なことでも可能にしてしまうようである。

若干、余談になるかもしれないが、日本における律令国家の完成をいつに求めるか、という問題については、考古学の立場と文献史学の立場とでは異なる。遺構や遺物から歴史を考える考古学の立場からすれば、中国ふうの都城が完成し、全国に国府をはじめとする地方支配のための役所が置かれ、さらに全国に駅路と呼ばれる幹線道路網が張りめぐらされた、七世紀末から八世紀初頭頃を律令国家の完成と見る。つまり、ハード面の整備が整えられた時代に大きな画期を求めるのである。一方、文献史学の立場では、もちろん「大宝律令」の成立を大きな画期として見るが、むしろそれは中国の制度を直輸入したものであり、それを日本の実情に基づいて修正し、律令の施行細則である格式《きやくしき》が整えられることにより、真の意味で日本社会の実態に見合った「日本の法律」ができあがった、平安時代前半から中頃を律令国家の完成と位置付けている。

確かに、日本の伝統的な氏族社会から脱却し、真に天皇が隔絶した存在になるのは、この頃に求めるのが妥当である。そういった意味では、奈良時代という時代は、氏族社会から日本的な律令制に則った社会への過渡期である、という位置付けも可能であり、大急ぎで整備された制度の矛盾や、旧制度に基づき造られた施設の改変を盛んに行った時代、という見方もできる。そして、そうした見方に立てば平城京における宅地も、一律に見るのではなく、その変遷を巨視的ににらみながら、時期ごとにそれぞれあり方の違いを見ていけば、制度の矛盾からの脱却や、伝統的な社会から新しい社会へと脱却していくさまが、宅地の変遷からも、具体的に見えてくる可能性がある。

宅地の班給と推移

平城京建設の目的のひとつには、藤原京では十分果たせなかった役人の集住があった。当時の太政官は多くの反対や移転に消極的な声を封じる一方、今までの氏族の伝統や既得権益にも配慮して、宅地の班給を行ったと考えられる。だからこそ、遷都当初の宅地班給の実態を知れば、遷都時の社会情勢の一端が見える可能性があるのである。

平城遷都の目的のひとつには、伝統的なウジによる社会から、律令官僚制という新たな社会の仕組みへの移行を、段階的に図っていこうとすることも含まれていたと考えられる。

宅地の変遷とは、そういった段階的な社会の変化を示しているかもしれない。

たとえば、遷都当初は宮に密着するかたちで、長屋王《ながやおう》邸や不比等邸といった大規模な邸宅が置かれたが、それはやがて淘汰され官衙や寺になった。有力者の邸宅に次の有力者を住まわせずに、官衙や寺にしたということ。それは、天皇の宮と諸臣との距離を段階的に隔絶させていった結果であると見ることもでき、次第に天皇の地位が向上していくさまを読み取ることができる。

宮周辺の宅地再編の最初の契機となったのは、長屋王事件であり、次いで恭仁京への遷都であった。そして、藤原仲麻呂の乱の後は、もともとは貴族の邸宅だったと考えられる右京一条二坊九・十・十五・十六坪に西隆寺を建てているように、大きな事件などをきっかけとして、次第に宮周辺の土地を、邸宅から官衙や寺へと変えていったと考えられる。もちろん橘奈良麻呂の乱では、多治比氏、大伴氏といった伝統的な氏族が大きく勢力を削がれていることから、こうした旧勢力の没落も宅地の再編につながった可能性がある。こうした社会の変化を捉え、宮周辺の宅地は、次第に再編されていったのである。

また平城京では遷都後、年を経るごとに官衙の数が増加していくさまがうかがわれる。宮内の役所の中には、その出先機関を京内に求めるところも現れ、また、地方が都に役所を置くなど、京内のいたるところに役所が置かれるようになる。これは、制度を整えることにより、行政が複雑化していった状況を示していると考えられ、律令国家建設のさいに放置しておいた種々の問題への対応に追われていたようすがうかがわれる。

それと同時に、奈良時代の役人の数は時代を追うごとに増加している。平城京の宅地は宮周辺を除けば、基本的に自由に売買が可能であったと考えられ、富裕な者は自らが居住する宅地以外の場所にも宅地を求めるなどしているので、京内の土地は不足していったと考えられる。それに対し、宅地の分割、細分化が積極的に行われているのは、位階の低い人物が居住する地域であり、五条以北の高級貴族が住むとされている地域では、その傾向はさほど強くは認められない。増える役人、そして富裕になった者による宅地の買い占め、さらに増加する官衙、こうした土地の需要に対し、どのような対策がとられたのか、その点については今後のさらなる発掘調査の進展を待つしかない。

平城京の宅地が語るもの――エピローグ

長屋王邸の発見を契機に、あらたに生じた平城京の宅地の問題について、私なりにさまざまな検討をし、解釈を述べてきた。しかし、いかに史料が増加したとはいえ、問題は複雑であり、まだまだ史料や発掘調査成果も限られており、十分な結論を示せたか、はなはだ心許ない次第である。

しかし、ここまで指摘してきたことは、少なくとも平城京の宅地を調べることにより、奈良時代という時代の一端が見えてくるのだということや、宅地の問題は単にどこに誰が住んでいたかという問題に留まらず、少なからず当時の社会や政治情勢を反映しているということは明らかにできたと思う。そして、特に宮周辺の宅地の変遷を追うことは、当時の社会の変化を知ることにもつながる可能性があることも示せたと思う。

日本という国が、中国の制度に習い律令国家という中央集権国家を目指し始めたのは、おそらく推古朝（五九二～六二八）にさかのぼるであろう。『日本書紀』には現れない推古八年（六〇〇）の最初の遣隋使がもたらしたものは、隋帝《ずいてい》・煬帝《ようだい》による日本の政治の否定であった。そしてそれが、中国の制度を受容する最初の契機になった。その後、推古十五年の第二回の遣隋使で、中国の冊封《さくほう》体制からの自立を宣言するとともに、極東の小中華を目指すという新たな政治方針を確認し、天皇を中心とした新たな国づくりを進めるようになる。

律令国家建設への道のりは平坦ではなく、何度かの挫折と既得権益との衝突を経て、白《はく》村江《そんこう》の戦《たたか》いから壬申《じんしん》の乱《らん》に至る動乱の中で、国家としての団結を旗印に、急速に体制が整備されるようになる。そうした過程で、天皇の権威を高め、天皇を頂点とする国家の建設がなされたのである。天皇の権威、国力の象徴が天皇の住む宮殿であり、それを中心に国家のありとあらゆる権力を集中させた場所こそが藤原京だったのである。藤原京は単なる古代都市であったのではなく、それは律令国家建設を目指した百年間にも及ぶ日本の歩みの集大成でもあったのである。

ところが、「文物の儀、是に備われり」と宣言された藤原京も、本物の中国の都を見た遣唐使の報告によりあっさりと覆される。日本が目指した本物の律令国家の姿は、藤原京にはなかった。そのため、時を経ずして新たな都づくりをする必要が生じた。それが平城京であった。そうした意味で、平城京とは長年目指した律令国家の完成形であったが、それと同時に律令を日本に根ざさせるためのスタートでもあった。

これまで指摘されていたように、平城宮の周辺には、高い位階を持つ役人が居住していた。これらの役人は当然、律令の規定に定められた位階と職掌を与えられていたが、その構成員の顔ぶれを見ると、大伴・阿倍・巨勢氏ら、古くからの名族や壬申の乱の功臣によって占められており、言い換えれば、伝統的な氏族の権益を位階により保障するという側面が強かった。そういった意味では、初期の律令官僚制とは既得権益との妥協によってかたち作られていたとも言えるだろう。そして、遷都当初の宅地班給は、こうして決められた位階によって行われているので、新しい都でありながらも、古い氏族社会の枠組みを留めていたと思われる。

しかし、律令制度は時を経るごとに古い体質を次第に解体していくという特質を有していた。父の功績は直系の子や孫のみに引き継がれるという律令の仕組みは、血縁や地縁によって結びついていたウジという単位を、次第にイエというより小さな単位に分割していき、この制度に適応できなかった者は、時代に取り残され没落へと向かうようになっていた。平城遷都から長岡遷都までの七四年間は、まさに古い体質が解体され、真の律令官僚制へと脱却する時代でもあり、氏族にとっては激動の七十四年間であったと言えるのである。

そうした時代だからこそ、平城京の宅地を調べるということで、当時の社会、さらにいえば伝統的な日本社会から、律令制に則った新しい日本社会への変化の一側面を追うことができるのである。

本書でも述べたように、平城京の宅地はまだまだわからないことの方が多い。歴史上の著名人の邸宅の多くも不明なままである。しかし、たとえ小さな発掘調査でも、粘り強く行い、その成果を検討していけば、新たな事実が判明する可能性は無限大に広がっているのである。

今後のさらなる調査、研究に期待して筆をおくことにする。

あとがき

私は、一九八九年に奈良県職員として採用されてからの二〇年間、奈良県で発掘調査や博物館の展示業務、文化財行政に携わってきた。縁あって、二〇〇九年四月から現職につき、奈良県から離れることになったが、この二〇年の経験は私にとってかけがえのないものであった。平城京跡の発掘に携わった期間は二〇〇四年度から二〇〇七年度のわずか三年に過ぎなかったが、この間は私の決して長いとは言えない発掘調査担当者としての経験の中でも、最も多くのことを考えた時間でもあった。

平城京における発掘調査と言えば、長屋王邸跡の発掘など、世間の注目を集めた華やかな成果がとかく注目されがちであるが、現実には調査面積が一〇〇平方《メートル》にも満たない小さな発掘が大多数である。私が平城京跡で担当した発掘のほとんども、こうした小規模なものであった。しかし、こうした小規模な調査の成果の積み重ねが、一三〇〇年前の都の姿や、そこで暮らした人々の息吹を私たちに伝えてくれるのである。

小規模な発掘調査でも積み重ねていけば、当時の社会の一端が見えてくる。このことを多くの人に伝えたい。これが本書の執筆の動機のひとつである。また、発掘調査によって、古代の姿を蘇らせようとすれば、やみくもに掘るだけではなく、問題意識をもち、些細な痕跡にも注意を払う必要がある。その問題意識の根底となるのは、多くの先学によって蓄積された膨大な研究史に対する理解と調査成果の把握、そして、それに基づき築き上げた仮説であると私は考える。仮説は、発掘調査の道しるべともなり、新たな事実の解明にもつながっていくのではないかと考えている。

本書では平城京の宅地の検討から、何がわかるのかということをテーマとした。本文中でも述べたように、この問題については、まだまだわからない点も多く、文献史料も不足しているため、ここまで多くの紙幅を費やしながらも、説得力のある結論を示すことができたかは、はなはだ心許ない次第である。しかし、宅地の検討という視点からも、奈良時代史の一端を復元することができることや、それが律令国家の成立から成熟に至る過程を雄弁に物語っている可能性があることはある程度示すことができたのではないかと考える。

本書で示した仮説が正しいのか間違っているのか。その結論がでるのにはしばらく時間がかかるだろう。しかし、いずれにしても答えを出すためには、今後のさらなる調査研究が必要であり、そのためには例え小規模であっても問題意識をもった発掘調査の成果の蓄積が必要であろう。

また、今回、取り上げた平城京跡に限らず、歴史を考え解き明かしていくことは地域の魅力やそれぞれの地域に暮らす人々の活力につながるものだと考えている。現在、復興が進められている東日本大震災の被災地では、それぞれの地域で育まれてきた文化や伝統に大きな関心が払われている。地域の歴史や文化は、被災した人たちにとって地域のコミュニティーを再構築し、郷土愛を確かめ、さらには郷土を再生する活力にもつながっている。

復興事業に先立って行われている発掘調査の現地説明会に参加し、熱心に説明に耳を傾ける皆さんの姿を目にするたびに、私は歴史とは単に過去の出来事ではなく、未来を照らす灯火であると思うのである。歴史に関する仕事に携わることができた自らの幸運を思うとともに、今後とも自分の研究と言うにはあまりにもささやかではあるが、知り得たこと、考えたことを発信していきたいと考えている。

なお、本書の企画から製作にあたっては吉川弘文館の一寸木紀夫さんと高尾すずこさんには大変お世話になった。文末ながら記して感謝します。

二〇一五年一月

近　江　俊　秀

主要参考文献

※報告書は図を引用したもののみ出典を明記した。

足利健亮『日本古代地理研究』大明堂、一九八五年
青木和夫・稲岡耕二・笹山晴生・白藤禮幸『続日本紀』一～五、岩波書店、一九八九～九八年
市　大樹『飛鳥の木簡』中公新書、二〇一二年
井上和人「平城京の実像」『研究論集XIV　東アジアの古代都城』奈良文化財研究所、二〇〇三年
井上和人『古代都城制の実証的研究』学生社、二〇〇四年
井上和人『日本古代都城制の研究』吉川弘文館、二〇〇八年
井上光貞・関晃・土田直鎮・青木和夫『律令』岩波書店、一九七六年
岩永省三「京の宅地割と建物配置」『平城京左京四条二坊十五坪』奈良国立文化財研究所、一九八五年
上野邦一「官衙か宅地か」『平城京左京四条二坊一坪』奈良国立文化財研究所、一九八七年
江口孝夫『懐風藻』講談社学術文庫、二〇一〇年
大井重二郎『平城京と条坊制度の研究』初音書房、一九六六年
大脇　潔「忘れられた寺」『翔古論集　久保哲三先生追悼論文集』一九九三年
奥村茂樹「瀬後谷瓦窯の瓦」『京都府遺跡調査報告書　奈良山瓦窯群』京都府埋蔵文化財調査研究セン

ター、一九九九年
小澤　毅『日本古代宮都構造の研究』青木書店、二〇〇四年
小野寺静子『坂上郎女と家持』翰林書房、二〇〇二年
笠井昌昭『公卿補任年表』山川出版社、一九九一年
亀田隆之『奈良時代の政治と制度』吉川弘文館、二〇〇一年
川尻秋生『平安京遷都』岩波書店、二〇一一年
菊池康明『日本古代土地所有の研究』東京大学出版会、一九六九年
岸俊男他「遺存地割・地名による平城京の復原調査」『平城京朱雀大路』奈良市、一九七四年
岸　俊男「藤原仲麻呂の田村第」『日本古代政治史研究』塙書房、一九六六年
岸　俊男『藤原仲麻呂』吉川弘文館、一九六九年
北山茂夫『大伴家持』平凡社、二〇〇九年
木下正史『藤原京』中公新書、二〇〇三年
木本好伸『大伴旅人・家持とその時代』桜楓社、一九九七年
倉本一宏『壬申の乱を歩く』吉川弘文館、二〇〇七年
坂上康俊『平城京の時代』岩波書店、二〇一一年
黒崎　直「平城京における宅地の構造」『日本古代の都城と国家』塙書房、一九八四年
重見　泰「平城京域の河川復元」『研究紀要』第一八集、由良大和古代文化研究協会、二〇一三年
千田　稔「畿内」『古代を考える　古代道路』吉川弘文館、一九九六年

田辺征夫『平城京を掘る』吉川弘文館、一九九二年
田辺征夫「遷都当初の平城京をめぐる一・二の問題」『文化財論叢』Ⅲ、奈良文化財研究所、二〇〇二年
玉田芳英「平城京の酒造り」『文化財論叢』Ⅲ、奈良文化財研究所、二〇〇二年
田村吉永「奈良朝創建の香積寺に就いて」『史迹と美術』一六‐四、一九四六年
角田文衛『佐伯今毛人』人物叢書、吉川弘文館、一九六三年
寺崎保広『長屋王』人物叢書、吉川弘文館、一九九九年
中井　公「大規模宅地とその類型」『古代都市の構造と展開』奈良国立文化財研究所、一九九八年
中田祝夫『日本霊異記』小学館、一九七五年
中田　薫『法制史論集』第一巻、岩波書店、一九二五年
中西　進『万葉集』一～四、講談社文庫、一九七八～一九八三年
成清弘和『女帝の古代史』講談社現代新書、二〇〇五年
奈良市埋蔵文化財センター「播磨からやってきた瓦」二〇〇九年
仁藤敦史『古代王権と都城』吉川弘文館、一九九八年
橋本義則「唐招提寺文書」天之巻第一号文書「家屋資財請返解案」について」『南都仏教』五七号、一九八七年
馬場　基『平城京に暮らす』吉川弘文館、二〇一〇年
林部　均『飛鳥の宮と藤原京』吉川弘文館、二〇〇八年

福山敏男『奈良朝寺院の研究』綜芸社、一九四八年
古瀬奈津子『摂関政治』岩波書店、二〇一一年
町田　章『平城京』ニューサイエンス社、一九八六年
森　公章「長屋王邸の住人と家政運営」『平城京左京二条二坊・三条二坊発掘調査報告書』一九九四年
森　公章『長屋王家木簡の基礎的研究』吉川弘文館、二〇〇〇年
毛利光俊彦・花谷浩「屋瓦」『平城宮発掘調査報告書』XIII、奈良国立文化財研究所、一九九一年
山尾幸久『日本古代国家と土地所有』吉川弘文館、二〇〇三年
山岸常人「宅地と住宅」『季刊考古学』二二、雄山閣、一九八八年
山崎信二『平城宮・京と同笵軒瓦および平城宮式軒瓦に関する基礎的考察』一九九四年
山下信一郎「宅地の班給と売買」『古代都市の構造と展開』奈良国立文化財研究所、一九九八年
山中　章「古代都城の内郭構造をもつ宅地利用」『長岡京古文化論叢』II、三星出版、一九九二年
山本忠尚「地方官衙の遺跡」『日本歴史考古学を学ぶ（上）』有斐閣、一九八三年
吉川敏子『氏と家の古代史』塙書房、二〇一三年
吉田　孝『律令国家と古代の社会』岩波書店、一九八三年
渡邊晃宏「二条大路木簡と皇后宮―二つの木簡をめぐって―」『平城京左京二条二坊・三条二坊発掘調査報告書』奈良国立文化財研究所、一九九四年
渡邊晃宏『平城京と木簡の世紀』講談社、二〇〇一年
渡邊晃宏『平城京一三〇〇年全検証』柏書房、二〇一〇年

著者紹介

一九六六年、宮城県に生まれる
一九八八年、奈良大学文学部文化財学科卒業
奈良県立橿原考古学研究所主任研究員を経て
現在、文化庁文化財部記念物課埋蔵文化財部門に勤務

主要著書

『古代国家と道路—考古学からの検証—』（青木書店、二〇〇六年）
『道路誕生—考古学からみた道づくり—』（青木書店、二〇〇八年）
『古代道路の謎—奈良時代の巨大国家プロジェクト—』（祥伝社、二〇一三年）
『道が語る日本古代史』（朝日新聞出版、二〇一四年）
『日本の古代道路—道路は社会をどう変えたのか—』（角川学芸出版、二〇一四年）
『古代都城の造営と都市計画』（吉川弘文館、二〇一四年）

歴史文化ライブラリー
396

平城京の住宅事情
貴族はどこに住んだのか

二〇一五年（平成二十七）三月一日　第一刷発行

著　者　近《おお》江《み》俊《とし》秀《ひで》
発行者　吉川道郎
発行所　株式会社 吉川弘文館
東京都文京区本郷七丁目二番八号
郵便番号一一三—〇〇三三
電話〇三—三八一三—九一五一〈代表〉
振替口座〇〇一〇〇—五—二四四
http://www.yoshikawa-k.co.jp/
印刷＝株式会社 平文社
製本＝ナショナル製本協同組合
装幀＝清水良洋・李生美

ISBN978-4-642-05796-7

歴史文化ライブラリー

1996.10

刊行のことば

現今の日本および国際社会は、さまざまな面で大変動の時代を迎えておりますが、近づきつつある二十一世紀は人類史の到達点として、物質的な繁栄のみならず文化や自然・社会環境を謳歌できる平和な社会でなければなりません。しかしながら高度成長・技術革新にともなう急激な変貌は「自己本位な刹那主義」の風潮を生みだし、先人が築いてきた歴史や文化に学ぶ余裕もなく、いまだ明るい人類の将来が展望できていないようにも見えます。このような状況を踏まえ、よりよい二十一世紀社会を築くために、人類誕生から現在に至る「人類の遺産・教訓」としてのあらゆる分野の歴史と文化を「歴史文化ライブラリー」として刊行することといたしました。

小社は、安政四年（一八五七）の創業以来、一貫して歴史学を中心とした専門出版社として書籍を刊行しつづけてまいりました。その経験を生かし、学問成果にもとづいた本叢書を刊行し社会的要請に応えて行きたいと考えております。

現代は、マスメディアが発達した高度情報化社会といわれますが、私どもはあくまでも活字を主体とした出版こそ、ものの本質を考える基礎と信じ、本叢書をとおして社会に訴えてまいりたいと思います。これから生まれでる一冊一冊が、それぞれの読者を知的冒険の旅へと誘い、希望に満ちた人類の未来を構築する糧となれば幸いです。

吉川弘文館

歴史文化ライブラリー

歴史文化ライブラリー

都はなぜ移るのか 遷都の古代史――仁藤敦史
聖武天皇が造った都 難波宮・恭仁宮・紫香楽宮――小笠原好彦
古代の女性官僚 女官の出世・結婚・引退――伊集院葉子
平安朝 女性のライフサイクル――服藤早苗
平安京のニオイ――安田政彦
平安京の災害史 都市の危機と再生――北村優季
天台仏教と平安朝文人――後藤昭雄
藤原摂関家の誕生 平安時代史の扉――米田雄介
安倍晴明 陰陽師たちの平安時代――繁田信一
平安時代の死刑 なぜ避けられたのか――戸川 点
源氏物語の風景 王朝時代の都の暮らし――朧谷 寿
古代の神社と祭り――三宅和朗
時間の古代史 霊鬼の夜、秩序の昼――三宅和朗

中世史

源氏と坂東武士――野口 実
熊谷直実 中世武士の生き方――高橋 修
鎌倉源氏三代記 一門・重臣と源家将軍――永井 晋
吾妻鏡の謎――奥富敬之
鎌倉北条氏の興亡――奥富敬之
都市鎌倉の中世史 吾妻鏡の舞台と主役たち――秋山哲雄
源 義経――元木泰雄
弓矢と刀剣 中世合戦の実像――近藤好和
騎兵と歩兵の中世史――近藤好和
その後の東国武士団 源平合戦以後――関 幸彦
声と顔の中世史 戦さと訴訟の場景より――蔵持重裕
運 慶 その人と芸術――副島弘道
乳母の力 歴史を支えた女たち――田端泰子
荒ぶるスサノヲ、七変化 〈中世神話〉の世界――斎藤英喜
曽我物語の史実と虚構――坂井孝一
親鸞と歎異抄――今井雅晴
日 蓮――中尾 堯
捨聖《すてひじり》一 遍――今井雅晴
神や仏に出会う時 中世びとの信仰と絆――大喜直彦
神風の武士像 蒙古合戦の真実――関 幸彦
鎌倉幕府の滅亡――細川重男
足利尊氏と直義 京の夢、鎌倉の夢――峰岸純夫
東国の南北朝動乱 北畠親房と国人――伊藤喜良
南朝の真実 忠臣という幻想――亀田俊和
中世の巨大地震――矢田俊文
大飢饉、室町社会を襲う！――清水克行
贈答と宴会の中世――盛本昌広
中世の借金事情――井原今朝男

歴史文化ライブラリー

- 庭園の中世史 足利義政と東山山荘 ―― 飛田範夫
- 土一揆の時代 ―― 神田千里
- 山城国一揆と戦国社会 ―― 川岡 勉
- 一休とは何か ―― 今泉淑夫
- 中世武士の城 ―― 齋藤慎一
- 武田信玄 ―― 平山 優
- 歴史の旅 武田信玄を歩く ―― 秋山 敬
- 武田信玄像の謎 ―― 藤本正行
- 戦国大名の危機管理 ―― 黒田基樹
- 戦乱の中の情報伝達 使者がつなぐ中世京都と在地 ―― 酒井紀美
- 戦国時代の足利将軍 ―― 山田康弘
- 名前と権力の中世史 室町将軍の朝廷戦略 ―― 水野智之
- 戦国を生きた公家の妻たち ―― 後藤みち子
- 鉄砲と戦国合戦 ―― 宇田川武久
- 検証 長篠合戦 ―― 平山 優
- よみがえる安土城 ―― 木戸雅寿
- 検証 本能寺の変 ―― 谷口克広
- 加藤清正 朝鮮侵略の実像 ―― 北島万次
- 北政所と淀殿 豊臣家を守ろうとした妻たち ―― 小和田哲男
- 豊臣秀頼 ―― 福田千鶴
- 偽りの外交使節 室町時代の日朝関係 ―― 橋本 雄
- 朝鮮人のみた中世日本 ―― 関 周一
- ザビエルの同伴者 アンジロー 戦国時代の国際人 ―― 岸野 久
- 海賊たちの中世 ―― 金谷匡人
- 中世 瀬戸内海の旅人たち ―― 山内 譲

近世史

- 神君家康の誕生 東照宮と権現様 ―― 曽根原 理
- 江戸の政権交代と武家屋敷 ―― 岩本 馨
- 江戸御留守居役 近世の外交官 ―― 笠谷和比古
- 検証 島原天草一揆 ―― 大橋幸泰
- 隠居大名の江戸暮らし 年中行事と食生活 ―― 江後迪子
- 大名行列を解剖する 江戸の人材派遣 ―― 根岸茂夫
- 江戸大名の本家と分家 ―― 野口朋隆
- 赤穂浪士の実像 ―― 谷口眞子
- 〈甲賀忍者〉の実像 ―― 藤田和敏
- 江戸の武家名鑑 武鑑と出版競争 ―― 藤實久美子
- 武士という身分 城下町萩の大名家臣団 ―― 森下 徹
- 武士の奉公 本音と建前 江戸時代の出世と処世術 ―― 高野信治
- 宮中のシェフ、鶴をさばく 江戸時代の朝廷と庖丁道 ―― 西村慎太郎
- 江戸時代の孝行者 「孝義録」の世界 ―― 菅野則子
- 死者のはたらきと江戸時代 遺訓・家訓・辞世 ―― 深谷克己
- 近世の百姓世界 ―― 白川部達夫

歴史文化ライブラリー

江戸の寺社めぐり 鎌倉・江ノ島・お伊勢さん——原 淳一郎
宿場の日本史 街道に生きる——宇佐美ミサ子
〈身売り〉の日本史 人身売買から年季奉公へ——下重 清
江戸の捨て子たち その肖像——沢山美果子
歴史人口学で読む江戸日本——浜野 潔
それでも江戸は鎖国だったのか オランダ宿 日本橋長崎屋——片桐一男
江戸の文人サロン 知識人と芸術家たち——揖斐 高
北斎の謎を解く 生活・芸術・信仰——諏訪春雄
江戸と上方 人・モノ・カネ・情報——林 玲子
エトロフ島 つくられた国境——菊池勇夫
災害都市江戸と地下室——小沢詠美子
浅間山大噴火——渡辺尚志
アスファルトの下の江戸 住まいと暮らし——寺島孝一
江戸時代の医師修業 学問・学統・遊学——海原 亮
江戸の流行り病 麻疹騒動はなぜ起こったのか——鈴木則子
江戸幕府の日本地図 国絵図・城絵図・日本図——川村博忠
江戸城が消えていく 『江戸名所図会』の到達点——千葉正樹
都市図の系譜と江戸——小澤 弘
江戸の地図屋さん 販売競争の舞台裏——俵 元昭
近世の仏教 華ひらく思想と文化——末木文美士
江戸時代の遊行聖——圭室文雄
幕末民衆文化異聞 真宗門徒の四季——奈倉哲三
江戸の風刺画——南 和男
幕末維新の風刺画——南 和男
ある文人代官の幕末日記 林鶴梁の日常——保田晴男
幕末の世直し 万人の戦争状態——須田 努
幕末の海防戦略 異国船を隔離せよ——上白石 実
江戸の海外情報ネットワーク——岩下哲典
黒船がやってきた 幕末の情報ネットワーク——岩田みゆき
幕末日本と対外戦争の危機 下関戦争の舞台裏——保谷 徹

各冊一七〇〇円～一九〇〇円(いずれも税別)
▽残部僅少の書目も掲載してあります。品切の節はご容赦下さい。